Ufos & Co

Ein Zucchinikochbuch

Warendorf 2002

SCHNELL Buch & Druck
Warendorfer Lieblingsbücher

Impressum:

Ufos & Co - Ein Zucchinikochbuch

Rezepte: Andrea Oppermann

Zeichnungen: Hildegard-Johanna Seeger

Verlag : SCHNELL, Oststraße 24, 48231 Warendorf

Herstellung: Druck- und Medienhaus Rademann GmbH, Lüdinghausen

ISBN 3-87716-778-0
Warendorf 2002

Inhalt

Wie alles anfing

Erntezeit.
Was tun mit diesen Mengen
Das war ein Problem

Chronisch in Zeitnot mit 2 kleinen Kindern
Ein zweites

Aber gerade unter diesen Gesichtspunkten kochte ich bald leidenschaftlich gern mit Zucchini. Vielfach unkompliziert, kurze Garzeiten, und sehr vielseitig.

Das soll auch in diesem Buch zum Ausdruck kommen. Familie und Freunde haben es mitgestaltet und ihre Rezepte zur Verfügung gestellt.

So finden Sie eine Auswahl an Rezepten, die alle erprobt, vor allem aber auch praktikabel sind. Zutaten sollten, wenn schon nicht im Haus, dann aber leicht im Einzelhandel erhältlich sein. So machen diese Rezepte viel Spaß und sind gut umzusetzen.

Von Finnland bis Italien, von süß-sauer bis herzhaft gibt es einen Streifzug durch fremdländische Küchen.

Wussten Sie schon, dass verarbeitete Blüten eine Delikatesse sind? Trauen Sie sich doch auch.

Oder lassen Sie sich einmal von Ufos, Crooknecks oder auch von andersfarbigen, länglichen Zucchiniarten überraschen . Gerade diese sind in der Küche eine Delikatesse.

Die unglaubliche Vielfalt begeistert auch heute noch die ganze Familie.
Mittlerweile bauen wir professionell über 100 Zucchini und Kürbisarten an.

Pflege, Sorten und mehr ...

Pflege, Sorten und mehr ...

Zum Anbau

Zucchini kann man erst sehr spät direkt ins Freiland säen.
Vor den Eisheiligen, Mitte Mai, sollte man damit nicht beginnen, denn
die Pflanzen sind überaus frostempfindlich.

Am besten zieht man sie in einem Topf mit etwas Anzuchtsubstrat auf der Fensterbank vor. Damit kann man in der letzten Aprilwoche beginnen.
Nach 8-10 Tagen bei 18 - 20 Grad Keimtemperatur kann man schon ein erstes Wachstum beobachten.
Im Vierblattstadium sollte man die Setzlinge ins Freie bringen, jedoch nicht vor Mitte Mai.
Auch dem Schneckenfraß kann man so besser entgegenwirken, der sonst schnell allen Mühen ein Ende bereiten kann.

Der Standort sollte möglichst sonnig sein. Am liebsten haben Zucchinis lockeren humusreichen Boden. Wichtig ist auch noch eine ausreichende Wasserzufuhr. Nach ungefähr 4 Wochen sollte man ein wenig nachdüngen.
Dafür gibt es im Fachhandel zahlreiche Empfehlungen. Nur ein „Überdüngen" sollte man vermeiden.
In der ersten Zeit des Wachstums muss dringend vermieden werden, dass das Unkraut die Vorherrschaft übernimmt. Denn gerade im Frühstadium beeinflusst dies das Wachstum der Zucchini negativ.
Es empfiehlt sich daher, z. B. mit altem Stroh, oder ä. Mulchgut die Pflanzstelle sauber zu halten.
Das ist auch später von Vorteil:
Man hat saubere Früchte!

Zu den Sorten

Weltweit gibt es ca. 800 Sorten Kürbis, dazu zählen auch die Zucchiniarten. Man nennt sie „Sommerkürbis“, botanisch „Cucurbita Pepo“ .

Handelsüblich sind die länglichen grünen Zucchini.
Eher selten sind die flach gehaltenen Ufos oder runde kugelige Zucchinisorten.
Lassen Sie sich von der Vielfalt der Sorten überraschen.

Sorten

Länglich und grün:
Diamant, Defender oder Black Forest.

Länglich grün mit gelben Riffeln:
Romanesco und Zephyr

Länglich pastell bis weiß:
Long white Bush und Blache de Virgine

Länglich gelb:
Gold Rush und Goldfinger
Dekorativ, gelb, Schale glatt bis gewarzt,
gekrümmte Keule:
Sundance und Yellow Summer Crookneck
Kugelig und grün:
Tondo de Nizza und Rondini
Flachrund, unregelmäßiger Rand, auch "Ufo"
genannt:
Custard White (weiß), Starship (grün), Patty
Green (pastell-grün), Sunburst (gelb mit
grünem Fleck), Panache (cremefarben
mit grünen Streifen).

Die obigen Sorten stellen nur eine kleine
Auswahl dar.

Was ist drin und wie wirkt das Gemüse im Körper?

Zucchini bietet noch mehr: Sie sind auch noch überaus gesund.

In Zucchini steckt Chlorophyll. Dieses und das im Magen entstehende Abbauprodukt kann krebshemmend wirken.

Zucchinis enthalten viele Vitamine, wie z.B. A, C, B1 und B2, Niazin und Vitamin E.
Auch viele Mineralstoffe wie z.B. Kalzium, Magnesium, Phosphor, Kalium, Eisen, Fluor und Natrium sind enthalten.

Stärkend wirken sie auf die Immunkräfte des Körpers. Außerdem wirken sie entwässernd und entsäuernd auf den ganzen Organismus. Durch ihren Ballaststoffreichtum entgiften sie den Darm und regen dessen Tätigkeit an.
Unterstützend und aufbauend wirken sie bei der Wiederherstellung der Darmflora.

So ist in Zucchini auch ein optimales Diätgemüse zu sehen. In 100 gr. Fruchtfleisch stecken nur ca. 16 kcl.

Sind das nicht zusätzliche Gründe, Zucchini, Ufo und Co vermehrt auf den Speiseplan zu setzen?!

Überraschung

Als Anhang zu diesem Buch finden Sie eine kleine Tüte mit Saatgutproben. Probieren Sie es damit doch einfach mal.

Da Zucchini meist buschig wachsen, ist selbst in einem kleinen Garten Platz für ein paar Pflanzen. Und die Ausbeute ist meist erstaunlich. Erntebeginn ist übrigens ca. Anfang Juli!

Ob demnächst vielleicht auch Ufos in Ihrem Garten Einzug halten ?

Viel Spaß und Erfolg mit dieser besonderen Überraschung !

Zu den Rezepten

Vorräte

Versäumen Sie nicht, sich rechtzeitig einige Vorräte anzulegen, denn so kann auch im Winter ein bisschen Frühling ins Haus geholt werden.

Einfrieren:

Geschnittene Würfel und auch Scheiben müssen allerdings kurz blanchiert werden.
Verzichtet man auf das Blanchieren, sollte man das Gemüse nur für kurze Zeit einfrieren.

Zucchinimus kann in beliebigen Mengen, am besten in flachen „Tafeln“ eingefroren werden. Friert man in Tafeln ein, statt in Klößen, hat das den Vorteil, dass der Inhalt später schneller auftaut.

Sehr gut lassen sich Zucchinischeiben auch trocknen. Entweder in der Sonne im Sommer (dann aber abgedeckt, wegen Fliegen usw.) oder im Backofen bei 55 ° Ober- und Unterhitze.

Danach muss darauf geachtet werden, dass die getrockneten Scheiben in einem gut verschlossenen Gefäß (trocken) aufbewahrt werden.

Auch das **Einlegen** in Essigsud oder die Herstellung von Fruchtaufstrich und Chutney ermöglicht einen Bereich der Vorratshaltung.

So gibt es auch tolle Geschenke für Familie und Freunde ab.

Hier sind einige **Erklärungen** zu den Abkürzungen, die verwendet wurden:

Teelöffel : **Tl.**
Esslöffel : **Essl.**
Gramm : **gr.**
Messerspitze : **Msp.**
Milliliter : **ml.**
Liter : **ltr.**
Litermaß : **Lm**
Kilogramm : **kg**
Gehackt : **geh.**
Gewürfelt : **gew.**
Zentimeter : **cm**
Flüssig : **fl.**

Zu den Rezepten

Bevor die Verarbeitung losgeht, muss das Gemüse selbstverständlich gewaschen werden, vom Stiel und Blütenansatz befreit und entsprechend dem Rezept vorbereitet werden.
Da dies grundsätzlich gilt, habe ich es nicht jedes Mal wieder erwähnt.

Außerdem gilt, dass sich die Mengenangaben in den Rezepten auf 4 Personen beziehen, wenn nicht anders angegeben.

Zucchini können immer mit Schale verwendet werden. Außer im Rezept wird ausdrücklich etwas anderes gefordert.

Zur Arbeit im Backofen:
Wenn nichts anderes angegeben ist, bezieht sich die vorgegebene Gradzahl auf Ober- und Unterhitze. Hierbei sollte der Backofen möglichst vorgeheizt werden.

Sie können näturlich auch mit Umluft arbeiten, aber Achtung: Dann müssen die angegebenen Gradzahlen um 20 ° reduziert werden. Umluft heizt höher!

In vielen Rezepten steht, dass Sie Zucchini im Zusammenhang mit Salz Wasser ziehen lassen sollen.
Das muss in den entsprechenden Fällen unbedingt befolgt werden, sonst ist ein gutes Gelingen fraglich.

Noch ein kleiner Tipp: Wenn Sie Zucchini in Scheiben schneiden, setzen Sie doch auch einmal ein „Buntmesser" (geriffelt, gewellt) ein. So haben Sie neben der Gaumenfreude auch gleich etwas für das Auge getan.

Wenn Sie sich einmal beraten möchten oder auch eine kleine Hilfestellung brauchen, nehmen Sie gerne Kontakt mit mir auf.
Erreichen können Sie mich über meine E-Mail-Adresse: info@kuerbishof-oppermann.de

Jetzt soll es aber wirklich losgehen !
Viel Spaß und Erfolg !

Suppen

Zucchini-Kartoffel-Suppe

750 gr. Zucchini, 500 gr. Kartoffeln, 250 gr. Gemüsezwiebeln, 40 gr. Butter, 20 gr. Mehl, $^1/_2$ ltr. Hühnerbrühe, 4 Würstchen (oder auch entsp. Fleischklöße), 1 Eigelb, $^1/_8$ ltr. Sahne, Salz, Pfeffer, Senf und Schnittlauch.

Gemüse würfeln und andünsten, mit Mehl anschwitzen. Mit Brühe auffüllen und 20 Minuten köcheln lassen. Würstchen dazugeben und in der Suppe heiß werden lassen.
Mit Eigelb und Sahne legieren. Mit den Gewürzen entsprechend abschmecken und mit dem frischen Schnittlauch bestreut servieren.

Raffiniert und schnell zubereitet!

Deftige Zucchinisuppe

2 Zucchini (ca. 400 gr.), 3 Paprika (rot, gelb und grün), 1 gr. Gemüsezwiebel,
1-2 Fleischbrühwürfel, ca. 750 ml Wasser (evtl. etwas weniger), Becher Creme Fraiche, Öl, Pfeffer, Knoblauchpulver oder auch frischen,
1 Cabanossi, 1 Tomate.

Zucchini und Zwiebel in Scheiben schneiden und schichtweise in einem Sieb ca. 1 Stunde ziehen lassen. Cabanossischeiben in Öl anbraten. Zucchini, Zwiebeln und gewürfelte Paprika dazugeben und 20 Min. mitdünsten. Flüssigkeit und Brühwürfel dazugeben und 15 Minuten garen. Die gewürfelte Tomate 5 Minuten vor Ende der Garzeit dazugeben mit der Creme Fraiche abrunden und mit den angegebenen Gewürzen abschmecken.

Suppe mit Pfiff, die gerne gegessen wird!

Zucchini - Käse - Suppe

500 gr. grüne Zucchini, grob gewürfelt.
750 ml. Gemüsebrühe (kann auch Instant sein)
200 gr. Kräuterschmelzkäse, Salz, Pfeffer und frisch ausgepresster Knoblauch.

Zucchini in Gemüsebrühe weich kochen und mit einem Passierstab pürieren.
Schmelzkäse und Gewürze dazugeben und noch etwas ziehen lassen.

Kleine Buttertoastwürfel und ein wenig frische Petersilie passen sehr gut dazu!

Zucchini-Kerbel-Suppe

500 gr. Zucchini, 750 ml Hühnerbrühe, etwas Butter, 200 gr. Schmand, frischer Kerbel, Salz, Pfeffer, Knoblauch.

Zucchini waschen, Anfang und Ende abschneiden und würfeln.
In Butter andünsten und die Hälfte der Brühe dazugeben. Mit einem Passierstab pürieren. Einige Minuten köcheln lassen. Die restliche Brühe und den Schmand dazugeben. Mit den Gewürzen und Kerbel abschmecken.

Zum Anrichten eignet sich sehr gut eine kleine Sahnehaube mit einer Prise Kerbel!

Klare Zucchinisuppe mit Huhn

1 Suppenhuhn, Suppengemüse, Salz, Pfefferkörner.
350 gr. klein gestiftete Zucchini oder auch groß geraspelt.
Fertig gegarter Reis, frische Petersilie.

Das Suppenhuhn waschen und mit dem gewaschenen Suppengemüse in einen Topf geben. Salz und Pfefferkörner hinzufügen und mit Wasser bedeckt aufgießen.
Ca. $1\frac{1}{2}$ Stunden garen. Nach einer Stunde das Huhn herausnehmen und die Brust auslösen. Anschließend das Huhn zurücklegen und zu Ende garen.
Suppenhuhn aus der Brühe nehmen und Brühe mehrmals klarsieben.
Zucchini und in Streifen geschnittene Hühnerbrust dazugeben mit Petersilie bestreuen und mit Reis anrichten.

Tipp: Sollte das Fleisch von den Schenkeln noch fest sein, dann kann es auch noch dazugegeben werden. Sehr kalorienarm und magenschonend.

Zucchinisuppe mit Lauch

2 mittelgroße Zucchini, 4 Kartoffeln geschält u. gewürfelt, 1 Würfel Fleischbrühe, 2 Stangen Porree gewaschen und in feinste Ringe geschnitten, 1 Becher Sahne, Salz und Pfeffer.

Zucchini würfeln und in einen Topf geben. Kartoffelwürfel hinzufügen und mit Wasser aufgießen, so dass das Gemüse leicht bedeckt ist. Mit dem Brühwürfel zum Kochen bringen. Wenn das Gemüse weich ist, den Topf vom Herd nehmen und mit einem Passierstab pürieren. Mit etwas Salz und Pfeffer abschmecken, die Porreeringe hinzufügen und den Becher Sahne hineingeben. Porree in der Nachwärme noch einige Minuten garen.

Variante: Geben Sie noch ausgelassene Speckwürfel dazu. So erhält die Suppe dann einen deftigen Geschmack.

Zucchini-Lachssuppe

650 gr. Zucchini (grüne Sorten) gewürfelt, 200 gr. Kartoffel gew., $^{3}/_{4}$ ltr. Gemüsebrühe.
1 Becher Creme Fraiche, Pfeffer aus der Mühle, 300 gr. frische Lachsfilets (ca. 2 Stücke), Frischer Dill gehackt.

Zucchini und Kartoffel mit der Brühe weichkochen. Mit einem Passierstab pürieren. Die Creme Fraiche hinzufügen. Die Lachsfilets sehr fein würfeln und in der Suppe garziehen lassen. Sie darf nicht mehr aufkochen. Mit Dill und Pfeffer abschmecken.

Tipp: Eine sehr schnelle und delikate Suppe. Es sieht super aus, wenn man kurz vor dem Servieren eine Sahnehaube auf die Suppe gibt und mit einem Zweig Dill garniert.

Hamburger Krebssuppe

500 gr. Zucchini (schön ist eine gelbe oder weiße Sorte) gewürfelt, $^{3}/_{4}$ ltr. Fleischbrühe, 200 gr. Blumenkohlröschen, 200 gr. frische oder gefrorene junge Erbsen, 200 gr. klein gew. Möhren, 100 gr. Krabben oder Krebsfleisch, 4 Essl. Krebssuppenpaste, 250 ml Sahne, Pfeffer.

Zucchini mit der Brühe weichkochen. Passieren. Krebssuppenpaste hinzufügen und kurz aufkochen lassen. Das Gemüse hineingeben und garen. Es darf nur nicht zerkochen ! Krabben und Sahne dazugeben und kurz ziehen lassen.

Hierzu passt auch hervorragend eine Sahnehaube vor dem Servieren !

Knoblauchsuppe

1 „ltr." gew. Zucchini, 100 gr. Zucchini (grün), Fleischbrühe/Instant, Salz, Pfeffer, 4 nicht zu kleine ausgepresste Knoblauchzehen (oder mehr), 1 Kartoffel gew., 1 Becher Schmand, frische Schnittlauchröllchen.

Zucchini und Kartoffeln mit Wasser bedeckt weich garen.
Passieren. Schmand und Knoblauch hinzufügen.
Mit Fleischbrühe und Gewürzen abschmecken.
200 gr. Zucchini fein raspeln und in die Suppe geben. Kurz garziehen lassen. Mit Schnittlauchröllchen bestreut servieren.

Tipp: Alternativ zu Schnittlauchröllchen können Sie auch geröstete Kerne oder Croutons nehmen!

Zucchini-Kräuterrahmsuppe

250 gr. Kartoffeln, $^{3}/_{4}$ ltr. Gemüsebrühe, 700 gr. Zucchini, 20 gr. Butter, 1 Becher Sahne, je 1 Bund Petersilie, Schnittlauch und Dill, Saft von 1 Zitrone, Jodsalz und Pfeffer, 2 Essl. Ahornsirup.

Kartoffeln schälen, würfeln und in etwas Brühe garen. Zucchini würfeln und im Fett andünsten. Zu den Kartoffeln geben und mit der restlichen Brühe weitere 10 Minuten garen.
Mit einem Stampfer so gut wie möglich zerkleinern. Sahne und alle Kräuter unterrühren und die Suppe noch etwas ziehen lassen.
Mit Zitrone und Ahornsirup würzen und mit den Gewürzen abschmecken.

Ein frisch gebackenes Brot schmeckt sehr gut zu dieser Suppe !

Kalte Zucchinikräutersuppe

500 gr. Zucchini in dünnen Streifen,
4 Frühlingszwiebeln in dünnen Ringen, 3 große Knoblauchzehen in dünnen Scheiben, 6 Essl. Olivenöl, ½ ltr. Gemüsebrühe, 250 gr. Sahne, Salz, bunter Pfeffer, je 4 Dill-, Basilikum- oder Minzestengel, 200 gr. Cherrytomaten.

Öl erhitzen und Knoblauch 2 Minuten anbraten. Herausnehmen und auf einem Küchenkrepp abtropfen lassen. Zucchini und Zwiebeln in das Knoblauchöl geben und mit der Brühe ablöschen. 12 Minuten bei schwacher Hitze kochen lassen. Die Suppe mit dem Passierstab pürieren. Sahne untermengen und mit Salz und Pfeffer abschmecken. 1 Stunde kühl stellen. Kräuter hacken und Tomaten halbieren. Die Suppe auf Teller verteilen. Mit Tomaten, Kräutern und Knoblauchscheiben garnieren.

Diese Suppe schmeckt kalt und warm!

Rieslingsuppe

500 gr. Zucchini, 50 gr. Butter, 2 Essl. Mehl, $\frac{1}{2}$ ltr. Brühe, $\frac{1}{4}$ ltr. Riesling, 150 gr. geriebenen Gouda, 200 gr. Kräuterschmelzkäse, Salz, Pfeffer, Muskat, Schnittlauch.

Zucchini grob raspeln.
In Butter dünsten, Mehl im Fett schwitzen lassen und mit Brühe ablöschen und aufkochen lassen. Den Wein und den Käse zugeben, den Käse bei leichter Hitze unter ständigem Rühren schmelzen, mit den Gewürzen und Schnittlauch abschmecken.

Eine Ecke warmes Brot passt gut dazu!

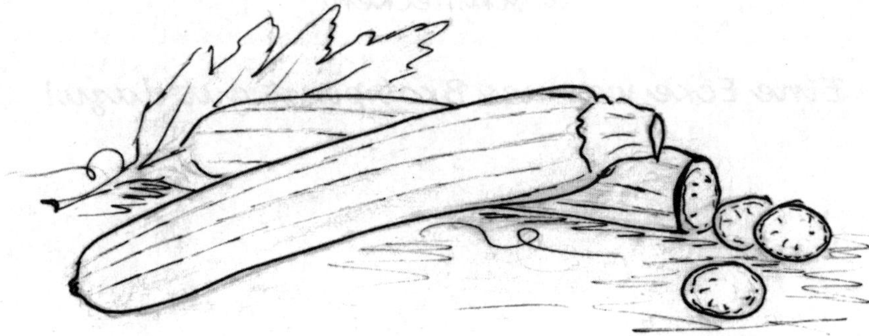

Salate

Zucchinisalat

800 gr. kleine Zucchini, 3 Essl. Öl, $^1/_8$ ltr. Wasser, 1 Essl. Zitronensaft, 1 Prise Salz.

Marinade: 4 Essl. Olivenöl, 5 Essl. Obstessig, 1 Msp. Senfpulver. 1 kl. Zwiebel. Zucker, Pfeffer und Salz.

Zucchini waschen, abtrocknen und in $^1/_2$ cm dicke Scheiben schneiden. Öl erhitzen und Zucchini dazugeben. Mit Wasser und Zitronensaft begießen und zugedeckt etwa 5 Min. dünsten.

Marinade:
Öl, Essig und Senfpulver mischen, die Zwiebel abziehen, ganz fein hacken und unterrühren. Mit Zucker, Salz und Pfeffer abschmecken.

Zucchini abgießen und abtropfen, dann unter die Marinade mischen. Mit frischem gehacktem Schnittlauch und Petersilie bestreuen !

Warmer Zucchinisalat

500 gr. Minizucchini, 250 gr. Frühlingszwiebeln, 2 Essl. Olivenöl, 1/4 ltr. trockener Weißwein, Saft einer halben Zitrone, 1 Tl. feingehackte Rosmarinblätter + Thymianblätter, 2 feingehackte Knoblauchzehen, 3-4 Scheiben einer unbehandelten Zitrone, 1 Lorbeerblatt, 1 Tl. Korianderkörner, Salz und Pfeffer.

Zucchini waschen und in 1 cm dicke Scheiben schneiden. Gewaschene Frühlingszwiebeln in 3-4 cm Stücke schneiden.
Öl erhitzen und Zucchini + Frühlingszwiebeln darin hellbraun braten. Mit Wein und Zitronensaft ablöschen und die restlichen Zutaten dazugeben.
5 Min in der Nachwärme garen. Lauwarm servieren !

Passt gut zu Geflügel und Fisch!

Zucchini - Eisbergsalat

1 Eisbergsalat, 1-2 mittlere Zucchini (schön sind verschiedene Farben)
Marinadenvarianten: 1) Essig, Öl, Salz, Pfeffer, Zucker (oder Süßstoff), Schnittlauch.
2) Sahne, frisch ausgepresster Zitronensaft, Zucker (oder Süßstoff).

Die äußeren Blätter vom Eisbergsalat entfernen, den Rest zerkleinert in eine Schüssel geben. Zucchini in dünne Stifte schneiden und hinzufügen. Kurz vor dem Servieren Marinade hinzufügen.

Herzhafter Zucchinisalat

450 gr. Zucchini, 400 gr. Tomaten, 1 Bund Lauchzwiebeln, 100 gr. schwarze Oliven, 200 gr. Schafskäse.
Marinade: 3 Essl. Balsamicoessig, 6 Essl. Olivenöl, Salz und Pfeffer, $1/2$ Tl. Zucker.

Zucchini in Scheiben schneiden. In einem Topf mit kochendem Wasser 2 Minuten blanchieren und sehr gut abtropfen lassen.
Tomaten möglichst ohne Kerne würfeln. Lauchzwiebeln in feine Ringe schneiden. Alles Gemüse zusammen in eine große Schüssel geben und mit den Oliven mischen. Schafskäse kleingehackt darüber geben. Aus den übrigen Zutaten eine Marinade herstellen und über den Salat tropfen. Mit frischer Petersilie oder auch Basilikumblättchen garnieren.

Zucchini-Rohkost

4 kleine Zucchini, 4 Möhren, 1 kleinere Sellerieknolle
Marinade: 2 Essl. Zitronensaft frisch ausgepresst, 4 Essl. Kürbiskernöl, 2 Essl. Apfeldicksaft, 2 Essl. Zucker oder fl. Süßstoff. Frische Petersilie.

Gemüse putzen und raspeln. In einer Schüssel anrichten.
Aus den übrigen Zutaten eine Marinade herstellen und über das Gemüse geben.
Mit frischer Petersilie bestreut servieren.

Zucchini-Tomaten-Salat

400 gr. Zucchini (hierfür eignen sich sehr gut Ufos und Rondini), 400 gr. Tomaten, 250 gr. Mozzarella, 2 Essl. Olivenöl.
Marinade: Saft einer halben Zitrone, 2 Essl. Kürbiskernöl oder Olivenöl, Salz, Pfeffer, 1 gehackte Knoblauchzehe, 2 Essl. gehackte Kräuter.

Zucchini in Scheiben schneiden und im Olivenöl von beiden Seiten kurz anbraten.
Tomaten und Mozzarella in Scheiben schneiden.
Marinade aus den angegebenen Zutaten herstellen.
Zucchini, Tomaten und Käse abwechselnd in einer erhöhten Glasschüssel schichten und dabei jeweils die Marinade löffelweise dazwischengeben.

Griechischer Salat

300 gr. Zucchini, 4 reife Tomaten, 2 rote Zwiebel-Ringe, 150 gr. grüne und schwarze Oliven ohne Kerne, 1 rote und 1 gelbe Paprika, 1 Dose Kidneybohnen, 1 Dose Mais.
200 gr. Schafskäse gewürfelt.
Marinade: 4 Essl. Olivenöl, 2 Essl. Balsamicoessig, Salz, Pfeffer, ausgepresster Knoblauch, 2 Essl. Kräuter nach Wahl, etwas fl. Süßstoff.

Zucchini, Tomaten, Paprika in Würfel schneiden und in eine passende Schüssel geben.
Bohnen und Mais in einem Sieb abtropfen lassen und ebenfalls in die Schüssel geben.
Oliven dazugeben, dann alles vermengen. Erst Zwiebelringe und dann den Schafskäse auf dem Salat verteilen und mit der Marinade begießen.

Passt gut auf ein Buffet oder einfach nur mit warmem Brot servieren!

Frischer Salat mit Pflaume

½ Eisbergsalat, 1 Gurke, 1 Avokado,
1 mittelgroße Zucchini, 2 Frühlingszwiebeln,
4 blaue Pflaumen (oder auch Melone ist lecker),
200 gr. Emmentaler.
Marinade: Saft von 1 großen Orange und
1 kl. Zitrone, Salz, Pfeffer, Zucker, frischer oder
gefrorener Dill, Dillöl (gibt es von Homann).

Eisbergsalat zerkleinern, Gurke in Scheiben.
Avokado schälen und würfeln. Zucchini in kleine
Stifte, Frühlingszwiebeln in kleine Ringe
schneiden. Pflaumen klein schneiden.
Emmentaler ebenfalls in dünne Stifte schneiden.
Alles leicht vermengen.
Marinade aus den angegebenen Zutaten
herstellen und über den Salat geben.

Tipp: Der Salat ist sehr schmackhaft und mit
warmem Brot ein leckeres,
leichtes Mittagessen! Er ist auch gut
vorzubereiten. Dann sollte allerdings der
Eisbergsalat erst vor dem Servieren
untergemengt werden.

Wiebkes Spinatsalat

1 Zucchini, 125 gr. frischer Blattspinat, 1 Bund Radieschen, 1 Essl. Olivenöl, Essig, ½ Tl. Senf, Salz, Pfeffer, 2 Scheiben Vollkorntoast, 1 Knoblauchzehe, 1 Essl. Butter.

Zucchini und Radieschen in Scheiben schneiden. Öl, Essig, Senf, Salz, Pfeffer dazugeben und verrühren. Den gereinigten Blattspinat dazugeben und ziehen lassen.
Das Brot mit der Knoblauchzehe einreiben und die weiche Butter auf beide Seiten streichen. In der Pfanne rösten. Die Scheiben in kleine Würfel schneiden und über den Zucchinisalat geben.

Warmer Zucchinisalat mit Kirschtomaten

700 gr. Zucchini, 7 Schalotten gewürfelt, 2 Knoblauchzehen geh., 1 Bund Dill, 200 gr. Kirschtomaten, 4 Essl. Olivenöl, Pfeffer, Salz, 100 ml Gemüsebrühe, 2 Essl. Weißweinessig, 50 gr. ungesalzene Erdnusskerne, 50 gr. kernige Haferflocken.

Zucchini in Scheiben schneiden. Den gewaschenen Dill trockentupfen und hacken, die groben Stiele vorher entfernen. Kirschtomaten halbieren und zusammen mit dem Dill in eine Schüssel geben.
In einer beschichteten Pfanne das Öl erhitzen und Schalotten, Knoblauch und Zucchinischeiben andünsten. Mit Pfeffer und Salz würzen, den Essig und die heiße Brühe dazugiessen. Den Topf vom Herd nehmen und das Gemüse ziehen lassen.
In einer separaten Pfanne die Erdnusskerne und Haferflocken anrösten.
Das Gemüse abgiessen, dabei aber den Sud auffangen, unter die Tomaten-Dill-Mischung geben. Restliches Öl unter etwas Sud geben und die Marinade über den Salat verteilen.
Zum Schluss die Kernmischung darüberstreuen.

Zucchini-Tomaten-Käse-Salat

500 gr. reife Tomaten in Scheiben, 250 gr. Zucchini in Scheiben, 150 gr. frische Champignons in feine Blätter, 150 gr. alter Gouda, Pfeffer grob gemahlen, je 1/2 Tl. getrockneter Basilikum und Oregano, etwas frisches Basilikum.

Marinade: 3 Essl. Rotweinessig,
5 Essl. Kürbiskernöl, Salz, Zucker.

Tomaten, Zucchini und Champignons schuppenförmig im Wechsel auf einer Platte anrichten.

Den Gouda fein reiben und über dem Gemüse verteilen.

Essig, Öl, Salz und Zucker verrühren. Den Salat mit dem Pfeffer und den Kräutern bestreuen und mit der Marinade beträufeln. Mit einigen frischen Basilikumblättern garnieren

Zucchini-Gurken-Salat

500 gr. Zucchini in Scheiben, ½ Salatgurke in Scheiben, 4 Essl. Olivenöl, 4 Knoblauchzehen ausgepresst, Salz, Pfeffer, 4 Essl. Weißweinessig, 150 Gr. Schafskäse und 150 gr. Mozzarella, 250 gr. Schwarze Oliven (ohne Kerne), 1 Beet Kresse.

Die Zucchinischeiben in Öl kurz von beiden Seiten andünsten. Knoblauch dazugeben und ziehen lassen. Vom Herd nehmen. Mit Gewürzen und Essig abschmecken, und die Gurkenscheiben untermischen. Abtropfen lassen und auf einer Platte anrichten. Schafskäse und Mozzarella in Würfel schneiden und durch eine Kartoffelpresse drücken.

Oliven auf der Platte verteilen und Kresse in Büscheln schneiden und auch in Büscheln auf die Platte legen. Käsegemisch dazwischen „Punktweise" verteilen.

Sieht gut aus und schmeckt auch gut!

Zucchinisalat mit Lachstatar

4 gelbe Zucchini, 2 Essl. Weißweinessig,
1 Essl. Honig,
3 Essl. Kürbiskernöl, 2 Essl. Sojasauce (süß),
Pfeffer

Für das Lachstatar:
1 Bund Schnittlauch, 400 g Lachsfilet, Saft einer Zitrone, 4 Essl. Sojasauce, Pfeffer

Zucchini der Länge nach in dünne Scheiben schneiden
Essig, Honig, Öl, Sojasauce und Pfeffer verrühren.
Zucchinischeiben damit beträufeln und ca. 1 Stunde marinieren.
Schnittlauch in Röllchen schneiden. Lachsfilet waschen, trocken tupfen und fein hacken.
Mit Schnittlauch mischen und mit Zitronensaft, Sojasauce und Pfeffer würzen. Auf Teller verteilen, Zucchini darum legen und mit frischem Baguette servieren.

Pfiffig, schnell und lecker! Kann durchaus auch als Vorspeise ein Menu einleiten!

Vorspeisen

Frittierte Zucchini

Ca. 1 cm dicke Scheiben Zucchini nach Bedarf

$1\frac{1}{3}$ Tassen Mehl, 1 Teelöffel Salz, $\frac{1}{4}$ Teelöffel Pfeffer, 1 Essl. geschmolzene Butter, 2 geschlagene Eigelb, $\frac{3}{4}$ Tasse schales Bier.
Fett für den Topf oder die Friteuse.

Zucchinischeiben mit etwas Salz bestreuen, um Wasser ziehen zu lassen. Anschließend mit einem Küchenkrepp abtropfen.

Den Teig aus den angegebenen Zutaten herstellen. Zucchinischeiben in dem Teig wälzen und im heißen Fett ausbacken.
Noch warm servieren !

Tipp: Bereiten Sie einen kleinen Teller mit einem Salatblatt vor, in das Sie eine leichte Joghurt-Kräuter-Creme geben. Dazu eine Scheibe Baguette !

Zucchini-Antipasti

Zucchini: Menge nach Bedarf und Geschmack
Marinade: Balsamicoessig, Zucker, weißer Pfeffer, ausgepresster Knoblauch.
Ca. ½ ltr. Olivenöl

Zucchini in 1,5 cm Längsscheiben schneiden (geht gut mit Brotschneidemaschine).
Mit Salz bestreuen und 1 Stunde Wasser ziehen lassen. Trockentupfen mit einem Küchenkrepp.
Olivenöl in einen Topf geben und erhitzen.
Vorsicht: Nicht zu heiß!
Scheiben in Öl ausbacken und auf einem Küchenkrepp abtropfen lassen.
Noch warm mit der hergestellten Marinade bepinseln und anschließend ziehen lassen.
Garniert mit Petersilie anrichten.

Kann man gut schon einen Tag vorher zubereiten. Passt außerdem klasse auf ein Buffet!

Limetten - Carpaccio

Pro Person ca. 150 gr. Zucchini berechnen.
Saft von frisch ausgepressten Limetten sowie entsprechend abgeriebene Schale von Limetten, Salz, weißer Pfeffer und Olivenöl.

Zucchini längs in sehr dünne Scheiben schneiden (Brotmaschine oder Hobel).
Mit ein wenig Salz vermischen und mind. 1 Stunde Wasser ziehen lassen. Über ein Sieb gießen und möglichst auch noch trockentupfen. Zucchini in eine Schüssel geben und mit Limettensaft und Schale vermischen. Mit wenig Pfeffer abschmecken. Ziehen lassen. Überflüssiges Wasser abgießen. Das Olivenöl hinzufügen und vermengen.

Tipp: Lässt sich sehr gut vorbereiten, auch schon einen Tag vorher. Das Olivenöl sollte möglichst aromatisch sein. Das Carpaccio kann man auf verschiedene Arten anrichten: - portionsweise in Röllchen gelegt oder in Scheiben - auf großen Platten mit warmem Brot anrichten.

Marinierte Zucchini

800 gr. Zucchini in feine Scheiben geschnitten, 1 Bund frische Minze (ersatzweise Basilikum), Olivenöl, 4 Knoblauchzehen fein gehackt, Salz, Pfeffer, Weißweinessig.

Die Zucchinischeiben an der Luft auf einem Küchenkrepp unter Wenden 1 Stunde trocknen. Kräuter waschen und grob zerrupfen.
Die Zucchinischeiben in reichlich Öl goldbraun frittieren. Auf einem Küchenkrepp abtropfen lassen.
In ein Gefäß einschichten. Eine Lage Zucchinischeiben mit Kräutern und Knoblauch belegen. Nächste Schicht und so weiter. Dazwischen ein wenig Salz und Pfeffer. Mit Essig besprühen. Mindestens 24 Stunden durchziehen lassen.

Tipp: Lässt sich gut vorbereiten. Passt gut auf jedes kalte Buffet. Anrichten lassen sich die marinierten Zucchini entweder portionsweise auf kleinen Tellern oder auf einer großen Platte.

Strudel mit Quarkgemüse

Teig: 300 gr. feines Weizenmehl, 1 Prise Salz, 1 Ei, 1 Eigelb, 125 gr. Creme Fraiche, 80 gr. Butter in Flöckchen.

Füllung: Je 100 gr. in schmale Stifte zerkleinerte Möhren, Zucchini und Kohlrabi, Salz, 400 gr. Quark, 4 Eier, je 2 Essl. geh. Kohlrabi- und Möhrenblätter, 100 gr. geröstete Pistazien, Pfeffer, Muskat.
2 Eigelb, 5 Essl. Sahne.

Für den Teig alle Zutaten mit den Händen zu einem glatten Kloß verarbeiten. 2 Stunden kalt stellen.
Für die Füllung die Gemüsestifte in Salzwasser kurz blanchieren. In einem Sieb gut abtropfen lassen. Den Quark in einer Schüssel mit den Eiern glattrühren. Das Gemüse und die gehackten Blätter unterrühren. Pistazien hinzufügen und mit den Gewürzen abschmecken.
Den Teig auf einem Backpapier zu einem Rechteck ausrollen. Mit der Quark-Gemüsemasse

bestreichen und aufrollen. Die Rolle sollte mit der Schnittfläche nach unten zum Liegen kommen. Eigelb und Sahne verquirlen und die Rolle damit bestreichen.

Im vorgeheizten Backofen bei 190° 20 - 25 Minuten goldgelb backen.
In Scheiben schneiden und als Vorspeise mit einem Stengel Petersilie anrichten.
Noch warm servieren.

Tipp: Falls sich der Teig schlecht ausrollen lässt, auf die Teigmasse auch noch Frischhaltefolie legen. Darauf ausrollen. Anschließend abziehen.
Für Pistazienkerne kann man auch ersatzweise Sonnenblumenkerne nehmen.

Erdbeer-Zucchini-Carpaccio

200 gr. Zucchini, 200 gr. Erdbeeren, 6 Essl. lieblicher Cidre, weißer Pfeffer, 5 Essl. Walnussöl, 2 Essl. Pinienkerne, einige Kerbelblätter.

Zucchini in Scheiben schneiden und in Salzwasser 2 Minuten sprudelnd kochen. Abgießen und mit kaltem Wasser abschrecken. Gut abtropfen lassen.
Die gewaschenen Erdbeeren in sehr dünne Scheiben schneiden. Zucchini und Erdbeerscheiben auf kleinen Tellern phantasievoll anordnen. Cidre, Salz, Pfeffer und Öl verrühren und über das Carpaccio verteilen. Die gerösteten Pinienkerne darüberstreuen.

Für Pinienkerne kann man auch ersatzweise Sonnenblumen- oder Kürbiskerne nehmen.

Zucchini-Pudding

60 g Maismehl, 3 Eigelb, 250 ml Schlagsahne, Salz, Pfeffer,1 Tl. gerebeltes Basilikum, 300 g kleine Zucchini, 20 g Butter, 3 Eiweiß außerdem: Fett und etwas extra Maismehl

Maismehl mit Eigelb, Sahne und Gewürzen verrühren und mindestens 30 min quellen lassen. Zucchini grob raspeln. Butter zerlassen und Zucchini unter ständigem Rühren 3 - 4 min darin braten, ohne dass sie zuviel Wasser ziehen. Auf Küchenkrepp abtropfen lassen, leicht würzen und unter den Teig ziehen. Eiweiß sehr steif schlagen und unterheben. Teig in eine gefettete, mit Maismehl ausgestreute Pudding- oder Ringform füllen. Form bis zu 2/3 ins kochende Wasser stellen. Den Zucchini-Pudding etwa 50-60 min garen. 5 min ruhen lassen, dann stürzen.

Tipp: Bei Verwendung einer Ringform diese mit Alufolie abdecken, bevor sie ins Wasserbad gestellt wird! Mit etwas warmem und in Scheiben geschnittenem Brot anrichten!

Aus der Pfanne

Schnelle Pfanne

500 gr. Hackfleisch, 1 Tüte Zwiebelsuppe, 1 Tasse Wasser, 1 Zucchini (ca. 300 gr.), 1 Becher Schmand.

Hackfleisch anbraten, Zwiebelsuppe dazugeben. Anschließend mit dem Wasser ablöschen. Zucchini gewürfelt hinzufügen, schmoren. Umrühren und mit dem Schmand abrunden.

Schnell zubereitet und sehr schmackhaft. Mit Reis, Kartoffelpüree oder warmem Baguette zu essen.

Zucchini-Möhren-Pfanne

400 gr. Hackfleisch (super schmeckt hier auch Wildhack), 200 gr. Zucchini gew., 300 gr. Möhren in Scheiben, 1 große Zwiebel gew., 1 Dose Tomaten etwas zerkleinert, Salz, Pfeffer, Knoblauch, Paprika, und frische Petersilie.

Zwiebeln und Hackfleisch anbraten. Möhren, Zucchini und Tomaten dazugeben und 10 Minuten köcheln lassen. Mit den Gewürzen nach Bedarf abschmecken. Kurz vor dem Servieren mit Petersilie bestreuen.

Hierzu passt ein frischer Salat!

Zucchinipuffer mit Sellerie und Möhren

350 gr. Sellerie, 100 gr. Möhren, 100 gr. Sellerie
4 Eier, 50 gr. Ger. Emmentaler, 150 gr. Mehl, Salz,
Pfeffer und Muskat.
Öl für die Pfanne

Gemüse fein raspeln. Die übrigen Zutaten glatt- rühren, zu der Gemüsemasse geben und mit den Gewürzen abschmecken.

In einer Pfanne kleine Puffer ausbacken.

Tipp: Dazu kann man sehr gut eine Kräutercreme aus Quark oder Joghurt reichen!

Panierte Zucchinischeiben

Zucchinischeiben längs in 1,5 cm dicke Scheiben schneiden. Ca. 3-4 Scheiben pro Person.
Salz, Paniermehl, 1-2 Eier, Butter,
Joghurtcreme: 300 gr. Magermilchjoghurt, 100 ml süße Sahne, 3 Essl. gehackte frische Kräuter, Salz, Pfeffer.

Joghurt mit angegebenen Zutaten vermischen und glattrühren. In eine Schale geben und zur Seite stellen.
Zucchinischeiben mit Salz bestreuen und 1 Stunde Wasser ziehen lassen. Abtropfen lassen.
In aufgeschlagenem Ei wenden und im Paniermehl wälzen.
Die Scheiben in der Pfanne mit Butter ausbraten und warm halten, bis alle fertig sind.
Zusammen mit der Joghurtcreme anrichten.

Tipp: Man kann auch anderes Fett zum Ausbraten nehmen, aber der Buttergeschmack macht sich in diesem Fall positiv bemerkbar.

Zucchinispeckpfanne

50 gr. durchwachsenen Speck, 30 gr. Butter,
1 große Gemüsezwiebel, 300 gr. Zucchini, 250 gr.
Champignons, 2 Eier, Oregano, Thymian, Salz,
Pfeffer, 2 große Tomaten (oder 4 kleine),
150 gr. Emmentaler.

Gewürfelten Speck in der Butter ausbraten, dabei nicht schwarz werden lassen. In Würfel geschnittene Zwiebel darin hellbraun braten. Zucchini und Champignons in Scheiben schneiden und in der Pfanne mit Zwiebel und Speck zusammen so lange einkochen lassen, bis der überwiegende Teil der Flüssigkeit eingekocht ist. Mit den Gewürzen abschmecken und die verquirlten Eier darüber geben. Die in Scheiben geschnittenen Tomaten drauflegen und den geriebenen Käse darauf verteilen. Deckel auf die Pfanne legen, bis der Käse geschmolzen ist.

Ein herzhaftes schnelles Essen!

Zucchini-Kartoffelpfannkuchen

1 kg Zucchini, 3 große Kartoffeln, 1 Zwiebel, 3 Eier, Öl, $\frac{1}{2}$ - 1 Tasse Semmelbrösel, 1 Tl. Salz, Pfeffer.

Zucchini halbieren und Kerne entfernen (entfällt bei kleineren), raspeln. Geschälte Kartoffeln ebenfalls raspeln. Kartoffeln und Zucchini vermischen und in einem Tuch das überflüssige Wasser ausdrücken. Restliche Zutaten dazugeben und gut vermischen. Öl in einer beschichteten Pfanne erhitzen und kleine Puffer ausbacken.

Zu den heißen Pfannkuchen passt Apfelmus, Zucker und Zimt, Kräuterquark.

Kernige Zucchinipfanne

100 gr. Naturreis, 2 Zwiebeln gew.,
1 Knoblauchzehe geh., 2 Essl. Sonnenblumenöl,
450 gr. Zucchini, 2 rote und 2 grüne
Paprikaschoten, 500 gr. Tomaten,
250 ml Gemüsebrühe, 150 gr. Haferkleieflocken,
1 Tl. getr. Majoran, 1 Tl. Thymian, 2 Essl. geh.
Petersilie, Pfeffer, Salz.

Reis nach Angabe garen. Zucchini und Paprikaschoten in Streifen schneiden. Tomaten würfeln. Fruchtwasser von den Tomaten nicht mit nutzen.
Öl in einer Pfanne erhitzen, Zwiebeln und Knoblauch andünsten. Paprika und Zucchini kurz mitdünsten und dann die Brühe aufgießen. Die Tomaten dazugeben. 15 Minuten vorsichtig köcheln lassen. Haferkleieflocken und Reis unter das Gemüse mischen. Mit Kräutern und den Gewürzen abschmecken.

Schafskäsepüfferchen

2 mittlere Zucchini, 1 große Zwiebel gew.,
2 Essl. Mehl, 1 Knoblauchzehe gut geh.,
1 Bund Petersilie, 150 gr. Schafskäse, 1 Ei, Salz,
Pfeffer, Öl.

Zucchini grob raspeln, Zwiebel, Mehl, Knoblauch, gehackte Petersilie, zerdrückten Schafskäse und verquirltes Ei gründlich miteinander vermischen.
Mit Gewürzen abschmecken.
Fett in eine Pfanne geben und Puffer ausbacken.

Tipp: Reicht ca. für 2 Personen. Auch eine tolle Beilage zu Lamm- und Kalbfleisch.

Zucchini-Käse-Pfanne

30 gr. Speck gew., 30 gr. Butter,
2 Knoblauchzehen fein gehackt, 1 Gemüsezwiebel in Streifen, Zucchini halbiert in Scheiben geschnitten, 200 gr. frische Champignons in Blätter,
2 Eier, Oregano, Thymian, Salbei, Pfeffer, Salz,
2 Tomaten in Scheiben, 125 gr. geriebener Gouda.

Speck in einer Pfanne mit der Butter ausbraten. Knoblauch und Zwiebel dazugeben. Das vorbereitete Gemüse (außer Tomaten) dazugeben und mitschmoren, bis die Flüssigkeit etwas eingekocht ist. Eier verquirlen und mit den Gewürzen abschmecken. Zuerst die Eiermasse über die Gemüsemasse geben, dann die Tomatenscheiben darauf verteilen. Zum Schluss den Käse drüberstreuen und den Deckel auf die Pfanne setzen. So lange garen, bis der Käse geschmolzen ist.

Eine schöne saftige Pfannenvariante, die gut sättigt.

Aus dem Ofen

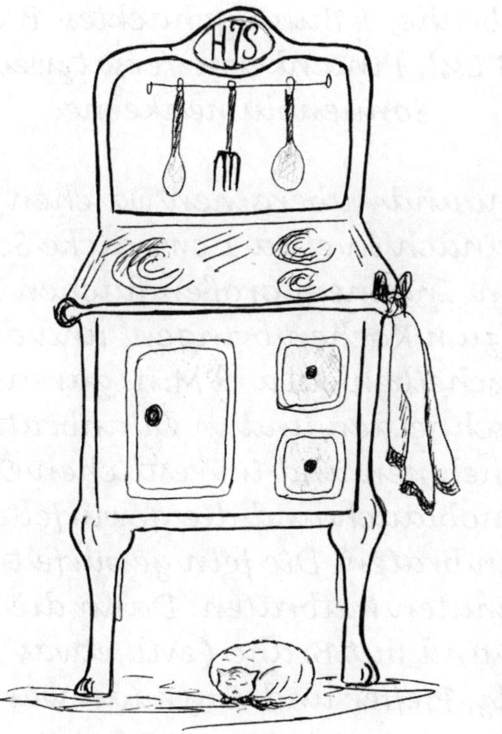

Reginas Vegetarische Kräuterlasagne

2 große Zucchini, 2 große Auberginen, 250 gr. große Champignons, 1 große Zwiebel, 1 Knoblauchzehe, 3 Essl. Olivenöl, 1 rote Paprika, 250 ml. Sahne, 100 gr. ger. Parmesan, 1 Tl. Thymianblättchen, Pfeffer, Salz, ½ ltr. Gemüsebrühe, 1 Bund gehacktes Basilikum, 3 Essl. Pinienkerne /ersatzweise Sonnenblumenkerne.

Zucchini und Auberginen waschen und der Länge nach in etwa 1 cm dicke Scheiben schneiden. In einem großen flachen Topf etwas Wasser zum Kochen bringen und darin die Gemüsescheiben etwa 3 Min. garen. Pilze in Scheiben schneiden und in Öl anbraten. Aus der Pfanne nehmen und im restlichen Öl den gehackten Knoblauch und die gewürfelten Zwiebeln goldbraun braten. Die fein gewürfelten Paprika einige Minuten mitbraten. Dann die Sahne dazugeben und mit Brühe (evtl. etwas weniger), Salz, Pfeffer und Thymian würzen.

Abwechselnd Zucchini, Auberginen, Champignons mit der Sahnemasse in einer Auflaufform einschichten. Mit dem Parmesan enden. Mit den Kernen bestreuen und im vorgeheizten Ofen bei 180 ° etwa 25 Minuten garen.

Besonders lecker!

Zucchini - Fächer

500 gr. Zucchini, 500 gr. Tomaten (in Scheiben), 1 gr. Gemüsezwiebel (in Ringen), frisch ausgepresster Knoblauch, 4 Essl. Olivenöl, Thymian, Oregano, Salz und Pfeffer, ca. 2 Tassen heißen Weißwein.

Zucchini in Fächer schneiden. Dazwischen die Tomatenscheiben legen und in eine Auflaufform geben. Knoblauch auf den Fächern verstreichen. Die Zwiebelringe darüber verteilen. Mit den Gewürzen bestreuen. Das Olivenöl geträufelt darüber verteilen.
Zum Schluss mit dem heißen Wein angießen, so dass er ca. 1 cm befüllt ist.
Im Ofen bei 180° backen.

Kann kalt oder warm gegessen werden und passt toll auf jedes Buffet!

Tassengemüse

3 Tassen Zucchini gewürfelt, 3 Essl. Paniermehl, 2 Essl. Butter, 1 Tl. Salz, $^{1}/_{4}$ Tl. Paprikapulver, 1 Prise Muskat, $^{1}/_{4}$ Tasse Milch, 1 Tl. gehackte Zwiebeln.

Zucchini mit Paniermehl mischen und in eine Auflaufform geben. Mit Butterflöckchen belegen und mit den Gewürzen nach Geschmack bestreuen. Die Zwiebeln darüber verteilen und mit der Milch aufgießen. Mit Alufolie bedecken und bei 200° 30 Min. backen.

Reicht in der angegebenen Menge für 2 Personen.

Gefüllte Zucchini (vegetarisch)

3 mittelgroße Zucchini, 1 dicke Scheibe Weißbrot, 3 mittelgroße Tomaten gewürfelt, 1 frisch ausgepresste Knoblauchzehe, 1 mittelgroße Zwiebel (gewürfelt), Salz, Pfeffer, Butter, etwas Öl.

Zucchini waschen und der Länge nach halbieren. Mit einem Löffel das weiche Fruchtfleisch herausnehmen und würfeln.
Brot in Wasser einweichen und anschließend gründlich ausdrücken.
Öl erhitzen, das gewürfelte Zucchinifleisch und die Zwiebeln darin anbraten.
Tomaten (wenn sehr wässrig, dann etwas Fruchtwasser ausdrücken) und Knoblauch dazugeben. Ausgedrücktes Brot ebenfalls hinzufügen, vermengen und mit Salz und Pfeffer abschmecken. Die Masse in die Zucchini füllen, Butterflocken draufgeben und die Zucchini in eine gefettete Auflaufform setzen. Abdecken, entweder mit Alufolie oder dem passenden Deckel zugedeckt bei 190° etwa 20 Min. backen. Den Deckel entfernen und noch einmal 10 Min. backen.

Nachdem der Deckel entfernt wurde, passt auch noch ein bisschen Käse dazu!

Zucchini mit Lammhack

50 gr. Reis, 50 gr. durchwachsenen Speck,
1 mittelgroße Zwiebel, 250 gr. Lammhack, Pfeffer, Salz,
4 mittelgroße Zucchini, 2 Fleischtomaten, 1 (oder mehr) Knoblauchzehe, $1/4$ ltr. Gemüsebrühe,
150 gr. geriebenen Emmentaler, 25 gr. Butter.

Reis nach Anleitung garen. Speck würfeln und in der Pfanne auslassen. Die Zwiebel würfeln und glasig dünsten. Das Hack dazugeben und anbraten. Mit Salz und Pfeffer würzen.
Die Zucchini waschen, abtrocknen und der Länge nach halbieren. Mit einem Löffel die weichen Teile auslösen und würfeln. Tomaten häuten, entkernen und würfeln. Gehacktes Gemüse mit zerkleinertem Knoblauch zu der Hackmasse geben und gut mischen. Zucchinihälften füllen und in eine Auflaufform legen. Mit der Brühe auffüllen.
Im Ofen auf mittlerer Schiene bei etwa 200 ° zugedeckt 25 Min. garen. Deckel abnehmen und Zucchini mit Käse bestreuen und Butterflöckchen darauf verteilen. 10 - 15 Min. unbedeckt backen.

Zucchini-Kräuter-Flan

1 kleine Zucchini, 1 kleine Zwiebel, 2 Knoblauchzehen, 2 Essl. Olivenöl, 1 Zweig Rosmarin, 3 Salbeiblätter, 200 ml Sahne, 4 Eier, 50 gr. frisch geriebenen Parmesan, 1 Prise Muskat, Pfeffer und Salz.

Zwiebel, Knoblauch, Rosmarin- und Salbeiblätter fein hacken. Zucchini waschen und in feine Streifen hobeln. Das Öl erhitzen und die Zwiebeln- und Knoblauchwürfel goldgelb dünsten.
Zucchini, Salbei und Rosmarin dazu geben und 1 Min. dünsten.
Die Sahne hinzufügen und auf die Hälfte einkochen lassen. Vom Herd nehmen und etwas abkühlen lassen.
In der Zwischenzeit den Backofen auf 180 ° vorheizen und dabei eine mit Wasser gefüllte Fettform im Ofen belassen.
Die Eier trennen, das Eigelb und den Parmesan in die Zucchinimasse geben. Die Masse mit Pfeffer, Salz und Muskat würzen.

Eiweiß steifschlagen und vorsichtig unter die Masse heben.
Flanförmchen fetten und die Masse hineingeben. Reicht etwa für 6 Formen. Man kann aber auch eine flache Auflaufform benutzen. In das Wasserbad stellen, den Ofen auf 160° herunterstellen und den Flan etwa 25 - 30 Min. backen, bis die Masse eine goldgelbe Oberfläche hat.

Gefüllte Ufos mit Rotweinhack

2 Ufos von ca. 750 gr., oder auch kleinere in größerer Menge, ½ ltr. Gemüsebrühe, 1 gewürfelte Zwiebel, 1 gehackte Knoblauchzehe, 3 Essl. Butter, geh. Petersilie, 400 gr. Hackfleisch, ¼ ltr. Rotwein, 2 Essl. Tomatenmark, 1 Prise Zucker, Salz und Pfeffer.

Den Deckel der gewaschenen Ufos abschneiden. Die weichen Teile und die Kerne mit einem Löffel vorsichtig herausnehmen. Fruchtfleisch würfeln (ohne Kerne). Die Ufos zusammen mit den Deckeln in der siedenden Brühe 10-15 Minuten ziehen lassen.
Hack mit den Zwiebeln und Knoblauch anbraten, die Fruchtfleischwürfel dazugeben.
Tomatenmark dazugeben und mit dem Rotwein ablöschen. 10 Min. einkochen lassen.
Jetzt mit den Gewürzen abschmecken.
Abgetropfte Ufos füllen und bei 180 ° auf mittlerer Schiene ca. 25 Minuten backen.

Hierzu passt auch ein frischer Salat!

Zucchinihälften mit Pfiff gefüllt

2 Zucchini, 2 Beutel Reis (oder entsprechend lose gekochten), 4 Zwiebeln gewürfelt, 250 gr. Kassleraufschnitt, etwas Butter oder Öl, $^{3}/_{4}$ ltr. Gemüsebrühe, Salz, Pfeffer, Oregano, 1 geh. Knoblauchzehe, Käsescheiben.

Den Reis kochen. Zwiebelwürfel in Fett andünsten. Zucchini halbieren und aushöhlen. Das gewürfelte Zucchinifleisch zu den Zwiebeln geben und mit schmoren. Reis dazugeben und mit Knoblauch und Gewürzen abschmecken. Die Zucchinihälften mit den Kasslerscheiben auslegen und die Reisfüllung darauf verteilen. Die Hälften in eine flache Auflaufform geben und mit Käse belegen.
Die Gemüsebrühe angießen.
Bei 180 ° im vorgeheizten Backofen 40 Min. garen. Nach 30 Min. mit der Brühe begießen.

Dazu passt sehr gut ein frischer Salat und warmes Brot!

Zucchinivollwertrouladen

4 Zucchini, 2 gelbe Paprika, 2 rote Paprika,
½ Bund Petersilie, 200 gr. gekochter Vollkornreis,
4 Essl. Parmesan, Salz, Pfeffer,
5 Schalotten, 150 ml. Gemüsebrühe,
½ Bund Basilikum.

Zucchini längs in dünne Scheiben schneiden. Paprika würfeln. Gehackte Petersilie mit Reis und 2 Essl. Parmesan mischen und mit Gewürzen abschmecken.
Je 2 Zucchinischeiben überlappend, mit etwas Masse belegen, aufrollen und mit einem Zahnstocher fixieren.
So verfahren, bis alle Rollen hergestellt sind.
Schalotten würfeln und mit der Hälfte der Paprikawürfel in eine feuerfeste Form geben. Ein wenig Salz und Pfeffer darüberstreuen.
Die Zucchinirouladen darauf verteilen und mit der Brühe angießen. Die restlichen Paprika zwischen den Rouladen verteilen und mit dem restlichen Parmesan bestreuen.
Bei 180 ° (vorgeheizt) 20-25 Minuten backen und anschließend mit Basilikumblättern garnieren.

Zucchinilasagne

600 gr. Zucchini (können auch größer sein), etwas Paniermehl, 400 gr. Hack, 4 gew. Tomaten, 2 gew. Zwiebeln, Olivenöl. 200 gr. klein gewürfelter Bleichsellerie, 2 ausgepresste Knoblauchzehen, Kräuter d. Provence, Salz, Pfeffer.
4 Essl. Mehl, 2 gehäufte Essl. Butter, 500 ml Vollmilch, Muskat, Parmesan

Zucchini mit einem Hobel oder der Brotmaschine in Streifen schneiden. Mit etwas Salz bestreuen und 1 Stunde Wasser ziehen lassen. Anschließend gut abtropfen lassen.
Hack in einem Topf mit Olivenöl anbraten. Zwiebeln, Sellerie, Tomaten, Knoblauch dazugeben und mit Gewürzen abschmecken.
In einer hohen Form einschichten. Mit der Hacksoße beginnen, dann die Zucchinischeiben darauf geben und diese jeweils mit etwas Paniermehl bestreuen.
Mit Zucchinischeiben enden.
In einem Topf mit Butter und Mehl eine Schwitze herstellen, mit Milch ablöschen. Abschmecken mit Salz und Muskat. Die Bechamelsauce auf der Lasagne verteilen und mit Parmesan bestreuen.
Bei 180 ° 45 Minuten im vorgeheizten Backofen garen.

Finnischer Zucchiniauflauf
(Originalrezept)

1,5 kg Zucchini, 2 Zwiebeln, 3 Knoblauchzehen, Salz, Pfeffer, etwas Öl.
15 Scheiben Scheiblettenkäse, 3 Eier, 300 ml Milch, Paprika edelsüß, 1 Tüte Kartoffelchips.

Zucchini waschen, die Enden entfernen, in Scheiben schneiden. Zwiebeln würfeln, Knoblauch sehr klein hacken. Öl in eine Pfanne geben und Zwiebeln glasig dünsten.
Zucchinischeiben dazugeben und kurz, ca. 8 Minuten, mitdünsten. Vom Herd nehmen und den kleingeschnittenen Scheiblettenkäse untermengen. Mit Salz und Pfeffer würzen und alles in eine Auflaufform geben.
Milch und Eier verquirlen. Mit Salz, Pfeffer und Paprika abschmecken und über die Zucchini gießen. Sie sollten auf keinen Fall ganz bedeckt sein.
Die Kartoffelchips in der Tüte etwas zerbröseln und über allem verteilen.

35 Min. bei Ober- und Unterhitze 180° backen. Darauf achten, dass die Chips nicht zu braun werden.

Kartoffel-Zucchinigratin

600 gr. Kartoffeln, 600 gr. Zucchini, Salz, Pfeffer, 2 Knoblauchzehen gehackt, 1 Ei, 250 ml Sahne, 1 Essl. Mehl, Semmelbrösel.

Den Guss zuerst vorbereiten. Dafür Ei, Sahne und Mehl verquirlen und mit Salz und Pfeffer vermischen. Nicht zu schwach würzen.

Zucchini in dünne Scheiben schneiden.
Kartoffeln schälen und mit einem Hobel in sehr dünne Scheiben schneiden (geht auch mit Schnitzelwerk von einer Küchenmaschine!).
In einer passenden, ausgefetteten Auflaufform in Reihen abwechselnd einlegen, wobei innerhalb der Reihe auch mehrere Scheiben der gleichen Frucht zusammenliegen können.
An die Zucchinischeiben etwas Semmelbrösel geben (ca. 1 Tl. pro Reihe).
Den Guss darüber gießen und sofort in den vorgeheizten Backofen geben.
Bei 180° 35-40 Minuten backen.

Dieses Gratin kann eine Hauptmahlzeit oder auch eine Beilage zu gegrilltem oder gebratenem Fleisch sein.

Überbackene Zucchini mit Paprikaschoten

4 mittelgroße Zucchini, 5 Essl. Olivenöl, 1 Tl. Salz, 2 rote Paprikaschoten, 4 Tomaten, 4 Anchovisfilets, 1 Tl. ausgepresster Knoblauch, ½ Tl. Basilikum, 150 gr. in Scheiben geschnittener Gouda. Etwas Semmelbrösel.

Zucchini halbieren und nur wenig Fruchtfleisch auslösen. Mit Salz bestreuen und Wasser ziehen lassen.
Zucchini mit einer Gabel einstechen und mit etwas Semmelbrösel bestreuen.
Eine feuerfeste Form mit Öl ausstreichen und die Hälften hineingeben. Die gewaschenen Paprika halbieren, putzen und entkernen. Die entkernten Tomaten würfeln. Mit dem restlichen Öl Paprika und Tomaten sowie das gew. Zucchinifleisch andünsten.
Nach 10 Minuten Knoblauch, Salz und Basilikum zugeben und weiter bei kleiner Hitze schmoren.
Die Masse auf den Zucchinihälften verteilen und bei 180 ° 30 Minuten garen.

Mit dem Käse belegen und auf dem Käse die Anchovisfilets (längs halbiert) verteilen. Nochmals ca. 5 Minuten backen, bis der Käse gut geschmolzen ist.

Hierzu passt ein trockener Weißwein oder ein herbes Bier.

Zucchini mit Schafskäse gefüllt

2 mittlere Zucchini, 125 ml. Fleischbrühe, 400 gr. Schafskäse möglichst cremig (wichtig !), 2 gewürfelte Zwiebeln, Semmelbrösel, Pfeffer, 3 gehackte Knoblauchzehen, 4 Essl. Olivenöl, 6 Essl. Sahne. 4 Essl. geröstete Pinienkerne oder Sonnenblumenkerne.

Zucchini längs halbieren und die weichen Teile entfernen. Mit einer Gabel ein wenig einstechen und Semmelbrösel darüberstreuen. Das weiche Fruchtfleisch würfeln und zusammen mit der gewürfelten Zwiebel in dem Olivenöl andünsten. Schafskäse zerkleinern, den gehackten Knoblauch, die Sahne und die Zwiebelmasse dazugeben und alles gründlich zu einer zusammenhängenden Masse vermengen. Die Zucchini damit füllen und in eine Auflaufform geben. Mit der Brühe angießen.
Im Ofen bei 175° 35-40 Minuten backen.
Über jede Hälfte 1 Essl. Kerne verteilen und servieren.

Tipp: Darauf achten, dass der Käse oben nicht zu dunkel wird. Hierzu passt ganz prima warmes Brot und ein Glas Wein!

Fraukes Zucchinisoufflé

2 Zwiebeln gew., 1 Knoblauchzehe gepresst,
400 gr. kl. Zucchini grob raspeln, 120 gr. Hirse,
300 ml Gemüsebrühe, 4 Essl. kalt gepresstes
Olivenöl, frischer Oregano, Pfeffer, Hefeflocken,
2 Eiweiß, 2 Eigelb, 4 Essl. Quarck, Butter zum
Ausfetten, 50 gr. geriebener Schafskäse, Salz.

Hirse auf kleiner Flamme in der Gemüsebrühe garen und in der Nachwärme 15 Min. quellen lassen. Olivenöl erhitzen (nicht zu stark), Zwiebeln glasig dünsten. Zucchini und Knoblauch dazugeben. Köcheln lassen, bis die Flüssigkeit verdunstet ist. Pfanne vom Herd nehmen und mit Oregano, Pfeffer, Salz und Hefeflocken abschmecken.
Das Eigelb schaumig rühren. Quark und Hirse mit der Gemüsemasse vermengen und Eigelb unterziehen. Eiweiß steif schlagen und unter die Zucchinimasse heben.
Die Masse in ausgefettete Souffle`formen füllen und mit zerbröckeltem Schafskäse bestreuen.
Bei 200° 25 Minuten backen.

Tipp: Wenn man keine Soufflèformen hat, geht auch eine flache Auflaufform!
Ein Glas Wein dazu rundet das Gericht ab.

Shiitake-Schiffchen

5 Zucchini á 200 gr., 100 gr. Shiitake-Pilze, einige Zweige Majoran (ca. 4), 200 gr. mittelalter Gouda, 3 feine, ungebrühte Bratwürste, Salz, Pfeffer, 1 Essl. Butter, 4 Essl. Sherry, 150 ml Sahne, 1 Essl. heller Soßenbinder

Zucchini putzen, 1 Zucchini in kleine Würfel schneiden. Die anderen längs halbieren, etwas aushöhlen und das Ausgehöhlte ebenfalls würfeln. Pilze in Scheiben schneiden, Majoranblätter hacken, Käse reiben. Wurstmasse ausdrücken und mit Käse und Majoran vermengen. Die Hälfte der Gemüsewürfel und Pilze unterziehen. Mit Salz und Pfeffer würzen und die Zucchini damit füllen. Die Butter in einer Auflaufform zerlassen und die restlichen Gemüsewürfel darin wenden. Sherry dazugießen und die Schiffchen hineinsetzen.

Bei 200° im Ofen ca. 20 bis 30 Minuten backen. Nach dem Garen die Schiffchen aus der Form nehmen und den Sud in einen Topf geben. Sahne zufügen und mit dem Binder andicken.

Zucchiniauflauf mit gekochtem Schinken

600 gr. Zucchini in 0,5 cm dicke Scheiben, ½ ltr. Gemüsebrühe, etwas Margarine, 200 gr. gekochter Schinken in Würfel, 1 Becher Milch, Selleriesalz, Pfeffer, Mondamin helle Mehlschwitze.
150 gr. geriebener Emmentaler

Die Zucchinischeiben in der Gemüsebrühe 3 Minuten dünsten und anschließend gründlich abtropfen lassen. Kochwasser aufbewahren. Eine Auflaufform ausfetten und die Zucchinischeiben in die gefettete Form geben. Den gewürfelten Kochschinken gleichmäßig darüber verteilen. 1 Becher Kochbrühe und 1 Becher Milch zum Kochen bringen und andicken. Mit Gewürzen abschmecken und gleichmäßig über die Zucchini gießen. Käse darüber streuen und bei 180° ca. 15-20 Minuten überbacken.

Es geht superschnell und ist sehr lecker. Lässt sich sehr gut vorbereiten!

Salamigratin

12 Scheiben Salami in Streifen, 40 gr. Butter,
800 gr. Zucchini in Scheiben,
1 Dose Mais abtropfen,
4 Eier, ¼ ltr. Sahne, Salz, Pfeffer, ¼ Tl. Oregano,
150 gr. geriebener Emmentaler.

Salami in Butter knusprig anbraten. Zucchinischeiben und Mais dazugeben, 5 Minuten mitdünsten. Alles in eine Auflaufform geben. Sahne und Eier verquirlen und mit Gewürzen abschmecken. Über die Gemüsemasse geben. Käse gleichmäßig über allem verteilen.

Tipp: Man kann den Gratin ohne Beilagen essen, aber es passt auch sehr gut ein frischer Salat dazu.

Zucchini mit Fischfüllung

4 mittlere Zucchini, 1 gew. Zwiebel, 2 Essl. Öl,
200 gr. Frischkäse, 2 Essl. geh. Dill, 1 Ei,
300 gr. Fischfilet nach Wahl, Zitronensaft.
1/4 Ltr. Brühe. Salz und Pfeffer.

Zucchini halbieren, weiches Fruchtfleisch auslösen und würfeln.
Fischfilet von Gräten befreien und waschen. Trocken tupfen und mit etwas Zitronensaft beträufeln. Ca. 15 Minuten stehen lassen. Anschließend sehr fein würfeln.
Zucchinifleisch und Zwiebel in Öl andünsten. Frischkäse, Dill, Ei untermischen und mit den Gewürzen abschmecken. Fisch mit der Masse vermengen und die Zucchinihälften damit füllen. Bei 180 ° etwa 50 Minuten backen.

Variante: Statt Fisch 600 gr. frische Champignons mit Zwiebeln andünsten, bis die Flüssigkeit verdampft ist. Alles weitere wie oben.
Lecker!

Magrits Gyrosauflauf

1 kg Zucchini in Scheiben, 400 gr. Rinderhack,
1 ausgep. Knoblauchzehe, 1 Essl. Zitronensaft,
4 Essl. Olivenöl, 1 gew. Zwiebel, 6 Eier,
100 gr. Parmesan, 2 Essl. geh. Petersilie,
1 Becher Sahne, 1 Essl. Gyrosgewürz.

Zwiebel in Olivenöl andünsten und das Hack dazugeben und weiter ca. 10 Minuten garen. Zucchinischeiben und Knoblauch dazugeben und 3 Minuten alles zusammen garen. Zitronensaft dazugeben und mit Gyrosgewürz abschmecken. In eine gefettete Auflaufform geben. Eier mit Petersilie und Sahne verquirlen und gleichmäßig in der Form verteilen. Mit Parmesan bestreuen und bei 180° 45 Minuten backen.

Hierzu passt ein Salat und auch Brot. Ein herzhaftes Gericht!

Gefüllte Zucchini mit Steinpilzen

2 Zucchini, 1 Karotte, 1 Stange Staudensellerie,
2 Frühlingszwiebeln, 10 g getrocknete Steinpilze,
1 Knoblauchzehe, 1 EL Olivenöl, 50 g Maisgrieß,
200 ml Gemüsebrühe,
½ Tl. Thymian, ½ Tl. Rosmarin,
200 gr. Mozzarella

Zucchini halbieren und die Kerne entfernen. Das Fruchtfleisch herauslösen und würfeln. Karotte schälen und würfeln, Sellerie würfeln, Frühlingszwiebeln in Ringe schneiden. Steinpilze in lauwarmem Wasser 15 min einweichen, abgießen, dabei das Einweichwasser auffangen.
Pilze würfeln, Knoblauch zerdrücken. Öl erhitzen und Knoblauch und Gemüse darin andünsten. Maisgrieß dazugeben und anschwitzen. Steinpilze, das Einweichwasser und die Hälfte der Gemüsebrühe hinzufügen und einmal aufkochen. Dann bei schwacher Hitze zugedeckt etwa 10 min ausquellen lassen. Mit Thymian, Rosmarin, Salz und Pfeffer abschmecken. Die Masse in die Zucchini füllen und mit in Scheiben geschnittenem Mozzarella belegen.
Die restliche Gemüsebrühe in eine Auflaufform geben, die Zucchinihälften hineinsetzen und bei 200 °C ca. 20 min. überbacken.

Walnussauflauf

400 gr. grüne Bandnudeln, Salz,
1 Bund Basilikum, 200 gr. Gorgonzolakäse,
100 gr. gem. Walnüsse, 200 ml Sahne,
200 gr. Ricotta, Pfeffer, 2 EL Weinbrand,
750 gr. Zucchini, 50 gr. Semmelbrösel,
30 gr. Butter, Butter für die Form

Nudeln bissfest kochen, abtropfen lassen. Basilikum in Streifen schneiden. Gorgonzola, Nüsse, Sahne, Ricotta, Pfeffer und Weinbrand cremig rühren und mit Salz abschmecken. Zucchini raspeln, abwechselnd die Nudeln, die Zucchiniraspeln und die Creme in eine Auflaufform schichten. Mit Creme enden. Die Semmelbrösel über die oberste Cremeschicht geben und mit Butterflöckchen belegen. Im vorgeheizten Ofen bei 220° C etwa 50 min. backen.

Raffiniert!

Hauptgerichte

Frikadellen mit Zucchini und Möhren

1 hartes Brötchen, Milch zum Einweichen, 500 gr. Hackfleisch, 2 Eier, Salz, Pfeffer, Muskat, 1 gewürfelte Zwiebel, 200 gr. Zucchini, 2 mittelgroße Möhren, Petersilie, Öl zum Anbraten.

In Milch eingeweichtes Brötchen ausdrücken, mit Hack, Zwiebel und Eiern vermengen. Mit Salz, Pfeffer, Muskat abschmecken.
Zucchini und Möhren raspeln ebenfalls mit der Masse vermengen. Frikadellen formen und in der Pfanne mit Öl ausbraten. Vor dem Servieren mit Petersilie bestreuen.

Die Frikadellen werden schön locker und sind eine leckere Variante zu herkömmlichen Frikadellen!

Hacktopf mit Ufos indisch

300 gr. Hack, 2 gewürfelte Zwiebeln, 1 rote und 1 grüne Paprikaschote gewürfelt, 2 ausgepresste Knoblauchzehen, Salz, Pfeffer, ½ Tl. Curry, 1 Tl. Curcuma, 1 Tl. Tomatenmark, 350 gr. gewürfelte Ufos (sehr gut bunt) oder kleine Miniufos im Ganzen, etwas Öl zum Anbraten.

Das Hack in einem Topf mit Öl anbraten. Gewürfeltes Gemüse hinzufügen und kurz mitdünsten. Alles mit Gewürzen und Knoblauch abschmecken. Ggfs. etwas abbinden.

Es geht sehr schnell, Gemüse nicht zu weich werden lassen .

Tipp: Hierzu passt Reis oder auch ein Salat!

Pustatopf

Etwas Öl, 2 rote Zwiebeln,
200 gr. durchwachsenen Speck, 2 kleine Zucchini,
500 gr. bunte Paprika, 2 kleine Cabanossi,
1 Packung passierte Tomaten oder Püree,
120 gr. Goldreis, 100 ml. Curryketchup,
½ ltr. Brühe, Salz, Pfeffer, Paprika,
½ Becher (oder 1 kleiner) Sauerrahm.

Paprika und Speck würfeln und in Öl anbraten. Zucchini und Paprika würfeln, Cabanossi in Scheiben schneiden. Alles mit der Brühe in den Topf geben. 10 bis 15 Min. auf kleiner Stufe garen und dann mit den Gewürzen und dem Sauerrahm abschmecken.

Der Topf mit Mischung Nr. 6

450 gr. Hack, 1 mittlere Zucchini, 2 Stangen Porree, 2 Möhren, 2 Zwiebeln, 4 Tl. Maggi-Gewürzmischung Nr. 6, 1 Becher Schmand oder Creme Fraiche, 1 Becher Sahne, 100 gr. geriebenen Emmentaler.

Das Hack in einem Topf ohne Fett anbraten und das gesamte gewürfelte Gemüse hinzufügen. Einige Minuten garen lassen. Gewürz, Sahne, Schmand dazugeben und zum Schluss den Käse unterrühren.

Lecker und schnell zubereitet. Dazu passt Reis und ein Salat.

Knoblauchpasta

400 gr. Nudeln (Spagetti), Olivenöl,
4 ausgepresste Knoblauchzehen, 300 gr. Zucchini,
Salz, Pfeffer, 1 Essl. Zitronensaft.

Nudeln zubereiten. Nicht zu weich werden lassen. Evtl. 2 Minuten früher aus dem Wasser nehmen. Abgießen und in den Topf zurückgeben. Zucchini fein raspeln und ebenfalls in den Topf geben. 6-8 Essl. Olivenöl hinzufügen. Knoblauch, Gewürze und Zitronensaft hinzufügen und in der Nachwärme mit Deckel 2-3 Minuten garen.

Superleichtes und schnelles Essen!

Tipp: Hierzu passt ausgezeichnet ein Glas Wein. Phantastisch im Sommer zu genießen!

Zucchini indisch gefüllt

2 mittelgroße Zucchini, 4 Essl. Paniermehl, 450 gr. Hähnchenbrustfilet, 1 möglichst große Mango, 100 gr. gewürfelte Ananas, 100 gr. kernlose Weintrauben, 1 Glas Champignons erste Wahl geschnitten, 1 gew. Zwiebel, Butter, Salz, Pfeffer, 1 Essl. Curcuma, 1 Tl. Curry.
Etwas frische Petersilie.
¼ ltr. Hühnerbrühe. 150 gr. geriebener Käse (möglichst mild).

Zucchini längs durchschneiden und aushöhlen. Mit einer Gabel wenige Male die Hälften von innen einstechen und in eine flache Auflaufform legen. Mit jeweils einem Essl. Paniermehl bestreuen.
Das Brustfilet möglichst halbgefroren (lässt sich besser schneiden) in feinste Streifen schneiden. Mit der Butter in einem Topf anbraten.
Die Mango schälen und das Fruchtfleisch würfeln. Mango, Ananas, Weintrauben, gewürfelte Zwiebel und das gewürfelte Fleisch der Zucchini hinzufügen. 2 Minuten garen.

Mit Gewürzen abschmecken und die Füllung in die Zucchinihälften geben. Mit der Brühe angießen.
Bei 180° etwa 30 Minuten backen.
Nach 20 Minuten mit etwas Brühe begießen.
Herausnehmen und mit dem Käse bestreuen.
Nochmals 5 Minuten im Ofen backen.
Vor dem Servieren mit Petersilie bestreuen.

Hierzu passt sehr gut Reis!

Angelika's Zucchinitopf

1000 gr. Zucchini, 2 große Zwiebeln, 1 Glas Weißwein, 250 gr. gewürfelter Schinken, 2 Essl. geriebener Käse oder Parmesan, einige Butterflocken, Salz und Pfeffer.

Zucchini in Scheiben mit etwas Salz bestreuen und Wasser ziehen lassen. Wenn möglich einige Stunden. Ausgiebig abtropfen lassen. Zwiebeln würfeln und in etwas Butter goldgelb andünsten. Zucchinischeiben dazugeben und ca. 5 Minuten schmoren. Weißwein dazugeben, mit Salz und Pfeffer abschmecken und etwa 10 Min. vorsichtig köcheln lassen. Käse, Schinken und einige Butterflocken dazugeben und vermengen. In der Nachwärme garen.

Italienische Zucchini

400 gr. Tomaten, 400 gr. Zucchini, Olivenöl,
3 Zwiebeln, 3 Knoblauchzehen,
$1/4$ ltr. Hühnerbrühe, Majoran, Oregano, Salz,
Pfeffer, 75 gr. karamellisierte u. geröstete
Mandeln.

Tomaten in Stücke schneiden und soweit möglich die Kerne entfernen. Zwiebeln in Ringe und Zucchini in Scheiben schneiden. Den Knoblauch hacken.
Tomaten, Zwiebeln und Knoblauch in Öl dünsten. Zucchini in Scheiben dazugeben. Ca. 7 Minuten garen. Die Brühe dazugeben und mit den Gewürzen abschmecken. Mit Mandeln bestreuen und sofort servieren.

Dieses Gericht gibt leckeren Saft, den man gut mit Reis oder Chiabatta-Brot aufnehmen kann!

Bandnudeln mit falscher Zitronenhollandaise

400 gr. schmale Zucchini, 300 gr. Bandnudeln, 300 gr. Putenbrustfilet, 1 gehäufter und gehackter Essl. frischer Thymian, 1 Essl. Butter.

Falsche Hollandaise: 4 Essl. Butter, 2 Essl. Mehl, 250 ml. Sahne, 4 Eigelb, frisch ausgepresster Zitronensaft, etwas abgeriebene Schale einer unbeh. Zitrone, etwas frische Milch, Salz, Pfeffer.

Zucchini längs in Scheiben schneiden.
Die Längsscheiben der Länge nach weiter in schmale Streifen schneiden.
Nudeln in reichlich Salzwasser garen. Nach ca. 6 Minuten die Zucchinistreifen zufügen und zu Ende kochen. Über Sieb abgießen. Etwas warm halten.
Zwischenzeitlich die Putenbrust in dünne Streifen schneiden und in Butter braten. Nur nicht zu dunkel werden lassen.
Butter in einem Topf zerlassen und das Mehl zufügen. Mit der Sahne ablöschen. Topf jetzt nur auf kleiner Flamme halten. Eigelb gründlich

unterschlagen. Nun mit Zitronensaft und Schale abschmecken. Die Sauce sollte nur leicht säuerlich schmecken. Mit Gewürzen abschmecken. Fleisch zugeben und kurz in der Soße ziehen lassen. Sollte die Sauce zu dick werden, etwas Milch zufügen.

Nudeln mit Thymian bestreuen und das Geschnetzelte anrichten.

Hierzu eignet sich auch Schweinefilet oder Hähnchenbrustfilet.
Gehaltvoll und sehr lecker!

Seelachsfilet und Basmatireis

600 gr. Seelachsfilet, Saft einer Zitrone, etwas Zitronengras (Zitronenmelisse 1Essl. frisch gehackt geht auch), 500 gr. Zucchini, 200 gr. Basmatireis, Salz, Pfeffer, 1-2 rote Peperoni, 4 Essl Olivenöl, 2 gewürfelte Zwiebeln, 150 gr. schwarze Oliven ohne Kerne, gem. Kreuzkümmel.

Fischfilet säubern und von Gräten befreien, mit Zitronensaft einige Minuten stehen lassen. Abtropfen mit einem Küchenkrepp und in Stücke schneiden. Mit Salz, Pfeffer einreiben und mit den gehackten Kräutern bestreuen. Abdecken und kühl stellen.
Reis nach Angabe garen. Zucchini in dünne Scheiben schneiden. Peperoni von den Kernen befreien und sehr klein hacken. Vorsicht, wenn man es nicht so scharf mag, dann die Peperonimenge reduzieren. Fischfilet in einer Pfanne mit 2 Essl. Olivenöl von jeder Seite kurz braten. Herausnehmen und warm halten. Restliches Öl in die Pfanne geben und Zwiebeln

und Peperoni anbraten. Zucchini und Oliven zufügen und ca. 5 Minuten dünsten. Nun den Reis zufügen und alles gut vermengen. Mit Salz, Pfeffer und Kreuzkümmel abschmecken. Fisch mit der Reismischung anrichten.

Wenn „große Fischesser" am Tisch sitzen, kann man die Fischmenge erhöhen.

Ratatouille mit Schweinefilet

500 gr. Schweinefiletköpfe, 2 kleine Auberginen gew., 2 Zucchini gew., 3 Paprika gew., 2 Zwiebeln gew., 2 ausgepresste Knoblauchzehen, 4 Tomaten gew., Öl, Salz, Pfeffer, $^{1}/_{4}$ ltr. klare Brühe (Instant), 6 Essl. saure Sahne, grober Pfeffer zum Bestreuen.

Schweinefiletköpfe von den Sehnen befreien und in Stücke schneiden. In einer Pfanne das Öl sehr heiß werden lassen und das Fleisch anbraten. Anschließend herausnehmen. Sämtliches Gemüse dazugeben (bis auf die Tomaten) und in dem Bratenfett andünsten. Tomaten und Brühe zufügen und 5 Minuten garen. Fleisch zugeben und noch einige Minuten garen.
Mit Salz und Pfeffer abschmecken und in eine Schüssel geben. Glattgerührte saure Sahne als Kleckse oben auf dem Gericht verteilen und mit dem groben Pfeffer bestreuen.

Tipp: Reis passt gut zu diesem Gericht. Man kann aber auch ganz auf eine Beilage verzichten!

Annes Ketchuptopf

600 gr. Zucchini gestückelt, 3 Zwiebeln gew.,
3 Essl. Butter, 500 gr. Hackfleisch, Salz, Pfeffer
und Curryketchup (z.B. Hela).

Zucchini in Butter mit den Zwiebeln anbraten. Herausnehmen und in der Flüssigkeit das Hack scharf anbraten. Zucchinigemisch wieder zufügen mit Salz und Pfeffer abschmecken. Reichlich Curryketchup zugeben und noch einige Minuten schmoren.

Geht schnell und Kinder mögen es gerne. Dazu Salzkartoffeln reichen.

Variante: Mit Girosgewürz abschmecken, auch lecker!

Dorchens Hähnchenröllchen

1 kg Hähnchenbrustfilets, Salz, Pfeffer, 3-4 Essl. Basilikumpesto, 4 Essl. Olivenöl, 300 gr. Zucchini gew., je 2 rote, gelbe, grüne Paprikaschoten gew., 1 große Gemüsezwiebel, 3 Knoblauchzehen fein geh., 1 kleine rote Chilischote geh., 3 Tl. getrocknete Kräuter der Provence, $\frac{1}{4}$ ltr. Hühnerbrühe, 1 Packung passierte Tomaten (500 gr.), Petersilie frisch u. gehackt.

Hähnchenfilets je nach Dicke 1 bis 2mal waagerecht durchschneiden. Mit Pesto bestreichen und mit Salz und Pfeffer würzen. Aufrollen und mit Küchengarn zusammenbinden. In 2 Essl. Olivenöl rundherum goldbraun anbraten. Zucchini, Paprika, Zwiebel, Knoblauch, Chilischote, Kräuter und restliches Öl mischen und in eine genügend große Form oder einen Bräter geben. Brühe zufügen und bei 200 ° Umluft 10 Minuten garen. Passierte Tomaten und Brühe sowie Hähnchenrollen zufügen, durchrühren und weitere 15 Minuten garen. Mit Salz und Pfeffer würzen und vor dem Servieren mit Petersilie bestreuen.

Schnelles Hühnerfrikassee

500 gr. Hühnerbrustfilet, 200 gr. Möhren gew., 200 gr. Zucchini, 1 Glas Spargel gestückelt, Hühnerbrühe Instant, Soßenbinder, 2 Essl. süße Sahne und 2 Essl. Creme Fraiche, Selleriesalz, 10 ganze Pfefferkörner, Paprika eldelsüß.

Hühnerbrust mit wenig Wasser, Pfefferkörner und 1 Tl. Brühe zum Kochen bringen. Hitze etwas reduzieren und ca. 20 Minuten köcheln lassen. Fleisch herausnehmen und in mundgerechte Stücke schneiden. Die Brühe durch ein Sieb in ein Auffanggefäß gießen und wieder zurück in den Topf geben. Möhren zugeben und ca. 10 min. garen, so dass sie fast fertig sind. Spargel, Zucchini zugeben und garziehen lassen. Creme Fraiche und Sahne zugeben und binden. Mit Gewürzen abschmecken und das Fleisch wieder zugeben.

Hierzu passen Reis oder Salzkartoffeln.

Rondini-Hack-Schiffchen

4 runde Zucchini, 400 gr. Hack, 1 Ei,
1 gew. Zwiebel, 2 Essl. Semmelbrösel,
1 ausgepresste Knoblauchzehe, 1 Tl. Senf,
1 Tl. Tomatenmark, Salz und Pfeffer,
ca. 100 gr. gehobelte Mandeln,
Butter für die Pfanne.

Zucchini vom Stiel- und Blütenansatz befreien. In Viertel schneiden. Das Weiche entfernen. Hack, Ei, Zwiebel, Semmelbrösel, Knoblauch, Senf, Tomatenmark und Gewürze gründlich vermengen. Hackmasse auf die Schiffchen setzen und mit der Hand die Form angleichen.
Die Schiffchen jetzt von jeder Seite einmal in die gehobelten Mandeln drücken. Butter in der Pfanne auslassen und die Schiffe von jeder Seite kurz anbraten. In eine Form setzen und im Backofen bei 175° ca. 15 - 20 Minuten zu Ende garen.

Sieht interessant aus und schmeckt super!
Dazu passt Salat und ein Glas Wein!

Nussnudeln mit Zucchini

400 gr. Bandnudeln, Salz, 3 Zwiebeln, 1 rote Peperoni, 2 kleine Zucchini, 2 Essl. Butter 2 Essl. Olivenöl, grob gem. Pfeffer, ½ Tl. Currypulver, 4 Essl. geh. Walnüsse, Basilikumblättchen

Nudeln bissfest garen
Zwiebeln in halbe Ringe schneiden, Peperoni waschen, Kerne und Rippen entfernen und in feine Ringe schneiden.
Zucchini längs in dünne Scheiben und diese in Streifen schneiden. Butter und Öl erhitzen, Zwiebel glasig dünsten, Nudeln, Zucchini und Peperoni hinzugeben. Mit Salz, Pfeffer, Curry würzen und alles 10 min. unter Rühren schmoren. Nüsse unterheben, anrichten und mit Basilikumblättchen dekorieren.

Fischgulasch

800 gr. Seelachsfilet, 2 Tl. Zitronensaft, 2 Knoblauchzehen, 2 Zwiebeln, je eine rote, gelbe und grüne Paprika, $^1/_2$ Salatgurke, 2 kleine Zucchini, 4 Essl. Olivenöl, $^1/_8$ ltr. Gemüsebrühe, 4 Essl. Tomatenmark, Salz, Pfeffer, geh. Salbeiblätter

Fisch waschen, trocken tupfen, in Stücke schneiden und mit Zitronensaft beträufeln.
Knoblauch und Zwiebeln sehr fein würfeln.
Paprika entkernen und in Würfel schneiden, Zucchini und Salatgurke ebenfalls in Würfel schneiden.
Öl erhitzen, Knoblauch und Zwiebeln darin dünsten, Gemüse dazugeben und 10 min. schmoren. Gemüsebrühe angießen und das Tomatenmark einrühren. Salz, Pfeffer und Salbei dazugeben und 5 min. kochen. Fisch dazu und zugedeckt einige min. garen.

Dazu Reis servieren.

Geschmorter Weizen mit Rotwein und Gemüse

125 gr. Weizenkörner, Salz, 1 Bund Lauchzwiebeln, 1 rote Paprika, 500 gr. Zucchini, 200 gr. Champignons, 40 gr. Butter, 1/4 ltr. trockenen Rotwein, 1 Becher Crème fraîche, 1 Tl. getr. Thymian, Pfeffer, 5 getr. Aprikosen

Weizen mit 350 ml Wasser für 24 Std. einweichen, mit dem Einweichwasser und etwas Salz zum Kochen bringen. Bei schwacher Hitze 1 Std. köcheln lassen.
Im geschlossenen Topf noch eine Stunde ausquellen lassen.
Lauchzwiebeln in Ringe schneiden.
Paprika in kleine Würfel schneiden.
Champignons in Viertel schneiden.
Zucchini in fingerdicke Scheiben schneiden.
Fett in einer großen, tiefen Pfanne erhitzen, Zwiebeln glasig dünsten, das restliche Gemüse

zugeben und 10 min schmoren. Die abgetropften Weizenkörner, Rotwein, Crème fraîche und Thymian zugeben und in der offenen Pfanne bei mittlerer Hitze schmoren, bis die Flüssigkeit fast verdampft ist. Mit Salz und Pfeffer würzen. Die Aprikosen in feine Streifen schneiden und einige Minuten mit erhitzen.

Raffinierte fleischlose Alternative!

Pfeffer-Hackbraten

1 kleine Zucchini, 3 Karotten, 1 Brötchen, 2 Zwiebeln, 150 gr. geräucherter Bauchspeck, 1 kg Hackfleisch, 1 Tl. Senf, 2 Eier, 1 Essl. grüne Pfefferkörner, Salz, Pfeffer, Majoran, Paprikapulver, 2 Bund Petersilie, Fett für die Form, 1/4 ltr. Fleischbrühe, 1 Essl. Soßenbinder, etwas Sojasauce

Zucchini und Karotten würfeln. Karottenwürfel etwa 3 min blanchieren, abgießen und gut abtropfen lassen.. Brötchen in kaltem Wasser gut einweichen, ausdrücken.

Zwiebeln und Speck fein würfeln.

Brötchen, Zwiebeln, Speck, Hackfleisch, Senf, Eier und Pfefferkörner gut verkneten und mit Salz, Pfeffer, Majoran und Paprikapulver würzen. Petersilie fein hacken. Zwei Drittel der Hackmasse in eine gefettet Kastenform geben und der Länge nach eine Mulde hineindrücken. Zucchini-, Karottenwürfel und Petersilie hineingeben und mit der restlichen Hackmasse bedecken.

Gut andrücken und mit feuchten Händen glatt streichen.
Im vorgeheizten Ofen bei 200°C 1 Std. backen.
Den ausgetretenen Fleischsaft in einen Topf abgießen, mit der Brühe auffüllen, aufkochen lassen und mit Soßenbinder andicken.
Mit Sojasauce und Pfeffer abschmecken.
Hackbraten stürzen, in Scheiben schneiden, mit Sauce begießen und mit Petersilie bestreuen.

Zucchini-Schmortopf

3 Zwiebeln, 2 Knoblauchzehen, 1 kg Zucchini, 500 gr. Schweinefilet, 1 Essl. Olivenöl 1 große Dose geschälte Tomaten, 100 ml trockenen Rotwein, 1 Tl. ital. Kräuter, Salz, Pfeffer.

Zwiebeln und Knoblauch fein hacken. Zucchini längs halbieren und in Scheiben schneiden. Schweinefilet waschen, trocken tupfen und in Würfel schneiden

Öl erhitzen und Fleisch darin kräftig anbraten, Zwiebeln und Knoblauch dazu und unter Rühren ca. 5 min. mitbraten.

Tomaten klein schneiden und mit den Zucchinischeiben in die Pfanne geben. Rotwein angießen. Mit Kräutern, Salz und Pfeffer würzen und zugedeckt etwa 20 min bei schwacher Hitze schmoren.

Hierzu passt als Beilage wunderbar Couscous!

Beilagen

Tassengemüse (Geht mit allen Zucchiniarten, Crookneck, Zyphir, Ufos usw.)

Pro Person 1 Tasse gewürfelte Zucchini, etwas geriebener Parmesan, 1 Butterflocke.

Zucchini in der Butter vorsichtig max. 5 Minuten andünsten und mit Parmesan bestreuen.
Auf die Zugabe von Salz kann verzichtet werden, da durch den Parmesan Geschmack entsteht.

Variante: 1 Essl. Sahne, 1 Essl. Butter, $\frac{1}{8}$ Tl. Pfeffer, 1 Tl. Gehackte Zwiebel, 1 Tl. Kräuter.
Zubereitung wie oben und anschließend weitere Zutaten hinzufügen und ca. 5 Min. in der Nachwärme garen.

Ufos als Gemüsebeilage

700 gr. Miniufos, Butter, Salz, Pfeffer,
1 Tl. Zitronensaft,
4 Essl. frische gehackte Petersilie.

Die Ufos waschen, den Stiel und den Blütenansatz vorsichtig wegschneiden.
In einem geschlossenen Topf mit etwas Butter andünsten, ca. 6-8 Minuten. Die Ufos müssen noch Biss behalten. Den Deckel abnehmen und noch 3 Minuten dünsten.
Mit Salz, Pfeffer und Zitronensaft abschmecken und in der Nachwärme 2 Minuten ziehen lassen.
Mit frischer Petersilie bestreuen und servieren.

Variante: Statt Butter Olivenöl nehmen und ausgepressten Knoblauch hinzufügen !

Delikatesse!

Zucchini-Tomaten-Gemüse

4 kleine Zucchini (Ufos oder Rondini geht auch), 4 rote Zwiebeln, 40 gr. Buttaris, 3 Essl. eingelegte Tomatenpaprika aus dem Glas, 1 Tl. Senf, 1 Tl. Tomatenmark, Salz, Pfeffer, Paprika, Instantbrühe, etwas gehackte Petersilie.

Zucchini und Zwiebeln in Scheiben schneiden und in Buttaris glasig dünsten. Tomatenpaprika in Streifen geschnitten hinzufügen.
Mit Gewürzen und Brühe (vorsichtig) abschmecken und 8-10 Min. garen. Mit gehackter Petersilie bestreut servieren.

Eine sommerlich fruchtige Beilage!

Zucchinigemüse

600 gr. Zucchini möglichst klein, Olivenöl, 2 ausgepresste Knoblauchzehen, Salz, Pfeffer und frischer Schnittlauch gehackt.

Zucchini grob würfeln und in einem Topf mit dem Olivenöl andünsten. Knoblauch und Gewürze hinzufügen und kurz dünsten. Mit Schnittlauch bestreut servieren.

Tipp: Es geht sehr schnell. Das Gemüse sollte nicht zu weich werden, noch „Biss" behalten!
Es eignen sich hierfür alle Zucchiniarten.

Gegrillte Zucchinischeiben

Pro Person 150 - 200 gr. Zucchini berechnen.
Salz, Olivenöl, fein ausgepresster Knoblauch.

Zucchini in 1 cm dicke Scheiben schneiden. Mit Salz bestreuen und Wasser ziehen lassen, mindestens 1 Stunde. Abtropfen.
Die Scheiben mit wenig Olivenöl bepinseln. Jetzt können die Scheiben einfach mit auf den Grill gelegt werden. Nach dem Wenden auf die bereits gegrillte Seite etwas Knoblauch streichen.
Dazu passt alles, was man für einen Grillabend vorgesehen hat. Kräuterbutter, Quark- und Joghurtsaucen und mehr.

Eine tolle Ergänzung!

Annelieses gegrillte Gemüseröllchen

300 gr. Auberginen, 400 gr. Zucchini, 1 rote Paprikaschote, 2 Knoblauchzehen, Salz, Pfeffer aus der Mühle, 1 Essl. Kräuter der Provence.

Auberginen und Zucchini in Streifen schneiden und mit Salz einreiben. 1 Stunde Wasser ziehen lassen. Trockentupfen.
Knoblauchzehen auspressen und mit Salz, Pfeffer, Kräuter und Öl vermengen. Paprika in längliche dünne Streifen schneiden.
Die Gemüsescheiben mit dem Kräuteröl bestreichen, zuunterst 2 Zucchinischeiben, darauf 1 Auberginenscheibe legen. Quer die Paprikastreifen legen und aufrollen. Mit einem Zahnstocher fixieren. In einem Backofengrill oder ähnlichem von jeder Seite 5 Minuten grillen.

Eine tolle Beilage zu einem Grillabend. Lässt sich aber auch zu allem Kurzgebratenen verwenden.

Sabrinas Grillpacks

200 gr. Zucchini gew., 200 gr. reife Tomaten gew.,
400 gr. frische Champignons (unbedingt fest),
300 gr. Auberginen gewürfelt,
1 große Gemüsezwiebel in nicht zu kleine Würfel,
Olivenöl, Pfeffer, wenig Salz, 4 sehr fein gehackte Knoblauchzehen, 250 gr. Schafskäse.

Die Alufolie ca. 15 x 15 cm große Stücke reißen. Um die Stabilität zu erhöhen, kann die Folie auch in eine doppelte Lage gelegt werden. Alles gewürfelte Gemüse in eine Schüssel geben. Mit Olivenöl, Pfeffer, Knoblauch und wenig Salz vorsichtig vermengen. Kleine „Haufen" auf die Alufolie setzen und auf jeden Haufen eine kleine Scheibe Schafskäse legen. Enden der Folie nach oben zusammenführen und verzwirbeln. Im Backofen ca. 20 Minuten bei 180 ° backen.

Eine superleckere Beilage, die nicht nur aus dem Backofen, sondern auch vom Grill toll schmeckt.

Gnocchi

500 gr. grüne Zucchini (geputzt gewogen),
400 gr. Mehl, 100 gr. Weizengrieß,
2 Eigelb, Salz, Butter, 2 Essl. geh. Kräuter nach Wahl.

Die Zucchini von den weichen Teilen befreien.
Nur das feste Fleisch und die Schale verwenden.
Gewürfelt in wenig Wasser weich dünsten. Über einem Sieb abtropfen lassen.
Unter Umständen noch zusätzlich ausdrücken.
Das Mus sehr fein zerstampfen.
Erkalten lassen. Mehl, Grieß, Eigelb, 1 Prise Salz und 250 gr. Zucchinipüree in einer Schüssel zu einer homogenen Masse verkneten. Sie sollte nicht an den Händen kleben.
Wenn doch, dann etwas Mehl zugeben.
Einige Zeit ruhen lassen.
Rollen formen und Scheiben schneiden, diese etwas länglich rollen.
Gnocchi in siedendem Wasser garziehen lassen, bis sie oben schwimmen. Mit ausgelassener Butter übergießen und mit Kräutern bestreuen.

Gnocchi passen wunderbar zu vielen Gerichten. Die Wahl der Kräuter stimmt man auf das Gericht ab.

Kokosgemüse

350 gr. kleine Zucchini, $^1/_4$ ltr. Gemüsebrühe,
350 gr. Möhren (schmal), 5 Schalotten gew.,
1 Knoblauchzehe fein gehackt, 20 gr. Butter,
je 1 Tl. Ingwerpulver und Curcuma,
1 Dose Kokosmilch ca. 400 ml Inhalt, Salz,
1 Prise Cayennepfeffer, 1 Tl. Zitronensaft,
Kokoschips, 2 Essl. geh. Koriandergrün,
Zitronenmelisseblätter oder glatte Petersilie zum Garnieren.

Zucchini längs halbieren und die Hälften nochmals halbieren. Die langen Stifte zur Hälfte durchschneiden. So auch mit den Möhren nach dem Schälen verfahren. Zucchini in der Gemüsebrühe garen, so dass sie noch „bissfest" sind. In einer Schüssel im Backofen warm halten. So auch die Möhren garen und warm halten. Die Schalotten in der Butter andünsten. Knoblauch und Gewürze zugeben und einen kleinen Moment mitgaren. Mit der Kokosmilch ablöschen und einmal kurz aufkochen. Offen bei mittlerer Hitze einige Minuten einkochen. Mit Cayennepfeffer und Zitronensaft abschmecken. Kokoschips auf dem Gemüse verteilen und mit der Soße begießen. Mit Melisseblättern garniert servieren.

Tipp: Passt gut zu kurzgebratenem Geflügel oder auch einfach zu Basmatireis.
Kokosmilch bekommt man im gut sortierten Einzelhandel. Auch Kokoschips bekommt man fertig. Aber eine frische Kokosnuss, in hauchdünne Chips zerkleinert, bringt das gewisse Etwas.

Gebackenes Zucchini-Paprika-Gemüse

3 mittelgroße Zucchini (etwa 700 gr.),
3 Paprikaschoten (rot und/oder gelb),
20 gr. Butter,
Salz, Pfeffer, 200 ml Schlagsahne

Zucchini in Scheiben schneiden, Paprika in mundgerechte Stücke schneiden.
Eine flache ofenfeste Form mit Butter ausstreichen.
Zucchini ringsherum, Paprika in der Mitte anrichten.
Mit Salz und Pfeffer bestreuen, Sahne darüber gießen.
Form mit einem Deckel oder Alufolie fest verschließen.
Bei 200° C 30 min backen. Deckel entfernen und weitere 15 min backen.

Einfach, schnell und schmackhaft

Zucchini-Aprikosen-Gemüse

600 gr. Zucchini, 4 Aprikosen, 4 Essl. Öl, 1 Zweig Estragon, Saft einer Limette, Pfeffer

Zucchini quer halbieren und in dünne Streifen schneiden. Aprikosen halbieren, entkernen und in Spalten schneiden. Beides im Öl andünsten. Estragonblättchen hacken, Limettensaft und Pfeffer dazugeben, kurz mitdünsten.

Schmeckt prima zu Entenbrust!

Zucchini
(Cucurbita pepo)

Pizzas und Quiche

Zucchiniquiche

Teig: 175 gr. Mehl, 1 Prise Salz, 40 gr. weiche Margarine, 40 gr. Schweineschmalz, 2-3 Essl. Wasser, ½ Tl. gehackte Kräuter.

Füllung: 500 gr. Zucchini, 2 Essl. Öl, 1 mittelgroße Zwiebel, 3 Eier, 150 ml. Milch, Salz, Pfeffer, 100 gr. geriebener Käse

Für den Teig Mehl und Salz in eine Schüssel sieben. Margarine und Schmalz einkneten, bis eine krümelige Mischung entsteht. Die Kräuter einstreuen und mit dem Wasser zu einem festen Teig verkneten. Ausrollen und eine runde Auflaufform damit auslegen.

Für die Füllung die Zwiebeln würfeln und im Öl glasig dünsten. Zucchini waschen, abtrocknen und in dünne Scheiben schneiden. Zu den Zwiebeln geben und etwa 5 Min. dünsten. Anschließend in die Teigform füllen. Die Milch, die Eier, Pfeffer und Salz verquirlen und über das Gemüse geben. Mit dem Käse bestreuen und im vorgeheizten Ofen bei 190 Grad etwa 30 Min. backen.

Teig und Füllung ist jeweils für sich sehr gut vorzubereiten.

Rosmarinquiche

Teig: 250 gr. Weizenmehl, 1 Tl. Backpulver,
½ Tl. Salz, 100 gr. Butter,
Belag: 450 gr. Zucchini gew. 2 Essl. Rosmarin,
4 Essl. Paniermehl.
Creme: 1 Ei, 200 gr. Schmand, 100 ml Sahne, Salz,
Pfeffer. 2 ausgepresste Knoblauchzehen.

Für den Teig alle Zutaten verkneten und ruhen lassen. Nach der Ruhezeit ausrollen und eine Springform damit auslegen. Auch einen Rand bilden. Für den Belag entsprechende Zutaten vermischen und in die ausgelegte Form geben. Die Creme aus angegebenen Zutaten herstellen, abschmecken und auf die Zucchini geben. Bei Ober- und Unterhitze 180° 35 Min. backen. Mit 50 gr. geriebenem Emmentaler bestreuen und nochmals 2 Minuten in den Ofen stellen.

Thunfischpizza mit Zucchini

Hefeteig: 500 gr. Mehl, 1 Würfel Hefe,
220 ml lauwarmes Wasser, 1 Tl. Salz,
3 Essl. Olivenöl
Belag: Ca. 5 Tomaten in Scheiben,
2 gew. Zwiebeln, 1 Dose Thunfisch,
300 gr. Zucchini in Scheiben, Kräuter der
Provence, Salz, Pfeffer, 2 Essl. Olivenöl.
100 gr. geriebener Emmentaler.

Aus den Zutaten einen Hefeteig zubereiten und mehrmals gehen lassen. Auf ein mit Backpapier belegtes Backblech ausrollen und nochmals ruhen lassen. Mit dem Gemüse belegen und den Thunfisch darauf verteilen. Würzen und mit dem Olivenöl betreufeln.
35 Min. bei 200° backen und dann herausnehmen und den Käse darüberstreuen.
Nochmals
5 Minuten backen.

Quiche „Allerlei“

Teig: 150 gr. Mehl, 70 gr. Butter, 4-5 Essl. Wasser, 1 Prise Salz.
Füllung: 2 Eier, 50 ml Sahne, 100 gr. Gouda ger., 1 kleine Zucchini gew., 100 gr. frische Champignons, 1 kleine Aubergine, 2 große Zwiebeln gew., 1 Fleischtomate in Scheiben. 1 Essl. Öl, etwas Pfeffer und Salz. 2 Essl. Paniermehl.

Zutaten für den Teig zu einer geschmeidigen Masse verarbeiten und ½ Stunde kalt stellen. Das Gemüse (außer Tomate) mit Öl andünsten und beiseite stellen.
Den Teig ausrollen und eine Springform damit auslegen, so dass der Rand ca. 3 cm hoch ist. 15 Min. bei 175° vorbacken.
Das Gemüse einfüllen. Sahne mit Eiern und Käse vermischen. Mit Pfeffer und sehr wenig Salz abschmecken und über die Masse geben. Paniermehl darüberstreuen und die Quiche mit den Tomaten belegen. In den Ofen geben und so lange backen, bis alles goldig braun ist.

Lachsquiche

Teig: 150 gr. Mehl, 1 Prise Salz, 40 gr. Butter, 2 Eigelb, 2 Essl. Milch, Fett für die Form.
Belag: 400 gr. Zucchini in Stiften, 100 gr. Räucherlachs in Streifen, 2 Eier, 1 fein geh. Knoblauchzehe, 1 Becher Schmand, Salz, Pfeffer, 1 Essl. Öl.

Alle Zutaten für den Teig zu einer geschmeidigen Masse verkneten und 1 Stunde ruhen lassen. Anschließend im Boden der Springform ein entsprechend großes Stück Backpapier einziehen und festklemmen. Dann den Rand einfetten. Sie können auch eine Quicheform nehmen und entsprechend einfetten.
Den Teig ausrollen und in die jeweilige Form mit einem 2 cm hohen Rand geben.
Zucchinistifte in Öl kurz andünsten (müssen noch Biss haben!). Anschließend auf dem Boden verteilen und mit den Lachsstreifen gleichmäßig belegen.
Knoblauch, Eier, Schmand und Gewürze glattrühren und über die Zucchini geben.
Bei 180 ° 35 Minuten backen.

Tipp: Für ein Blech die Zutaten verdoppeln.
Hierzu passt ein gut gekühlter Weißwein!

Kasslerpizza

Teig: 450 gr. Weizenmehl, 2 Essl. Olivenöl,
1 flacher Tl. Salz, 200 ml lauwarmes Wasser,
1 Würfel frische Hefe.
Belag: 200 gr. Kassleraufschnittscheiben,
1 Dose Tomaten in Würfel, 1 Dose Mais abtropfen,
250 gr. Zucchini in Stifte geschnitten.
½ Tl. Oregano, Salz, Pfeffer, Paprika,
2 Mozzarellakugeln in dünne Scheiben.

Aus den Zutaten für den Teig einen Hefeteig bereiten und ausgiebig gehen lassen. Anschließend auf einem mit Backpapier ausgelegten Backblech ausrollen. Tomaten gleichmäßig verteilen, darauf die Zucchinistifte. Mit Gewürzen bestreuen. Dann Kassler in Streifen schneiden und auf dem Blech verteilen. Zuletzt den Mais dazugeben. Diese letzte Lage mit etwas Salz würzen. Im Backofen bei 175° 30 Minuten backen. Herausnehmen und Mozzarellascheiben gleichmäßig darauf verteilen. Nochmals für 10 Minuten in den Ofen geben.

Michaelas Reispizza

125 gr. Natur-Langkornreis, $1/8$ ltr. Milch,
2 Zwiebeln, 1,2 kg Zucchini, 4 Essl. Öl,
1 Knoblauchzehe, 5 Eier, 70 gr. frisch geriebenen Parmesankäse, 1 Zweig Thymian,
1 Zweig Rosmarin, 1 Bund Petersilie,
1 Tl. Tomatenmark, Salz, Pfeffer, Fett für die Form
30 gr. Butter, 2 Essl. gem. Walnüsse

Reis mit der Milch und $1/8$ l Wasser aufkochen, 20 min garen, vom Herd nehmen und weitere 10 min quellen lassen. Zwiebeln fein würfeln. Zucchini in dünne Scheiben schneiden.
In heißem Fett andünsten und auf Küchenkrepp abtropfen lassen.
Zwiebeln und zerdrückten Knoblauch im Bratfett andünsten. Eier mit Käse verrühren, Kräuter fein hacken.
Zwiebelmischung, Kräuter, Tomatenmark und Reis mit der Eiermischung verrühren. Mit Salz und Pfeffer kräftig abschmecken.
Mit den Zucchinischeiben mischen und in eine gefettete Springform geben.
Butterflöckchen und gem. Nüsse darauf verteilen und bei 200°C etwa 50 min. backen.

Anjas Gemüsepizza

Teig: 300 gr. Mehl, 1/8 ltr. Milch, 3 Eier, Salz, Pfeffer, 1 Würfel frische Hefe
Belag: 200 gr. Zucchini in Scheiben, 1 Zwiebel in Ringen, 3 Knoblauchzehen gehackt, 1 rote und 1 gelbe Paprika gew., 6 Tomaten in Scheiben, 250 gr. Tomaten in feinsten Stücken, Paprika, Oregano, Salz, 400 gr. Mozzarella.

Den Teig aus genannten Zutaten zubereiten. Wichtig ist, ihn ausgiebig 2x gehen zu lassen, und ihn nach dem ersten mal wieder gut durchzukneten.
Auf einem mit Backpapier ausgelegten Backblech ausrollen. Gemüse darauf verteilen, angefangen mit den gestückelten Tomaten.
Würzen und im Backofen bei 200 ° 25 Minuten backen. Aus dem Ofen nehmen und den in Scheiben geschnittenen Mozzarella darüber verteilen. Nochmal für ca. 10 Min. in den Ofen geben.

Quiche nach Hausfrauenart

Teig: 250 gr. Weizenvollkornmehl, 150 gr. Butter,
1 Ei, 2 Essl. Wasser, 1 Tl. Salz
Belag: 500 gr. Zucchini, in Stiften, 2 Paprika in
Würfeln, 200 gr. Bratenreste, Majoran, Thymian
Guss: 1 Zwiebel, gew. 1 Essl. Öl, 2 ausgepresste
Knoblauchzehen, 200 gr. geriebener Emmentaler,
1/4 ltr. Milch, 3 Eier, Salz, Pfeffer, Muskat, Paprika.

Aus den angegebenen Zutaten einen Mürbeteig
kneten und ruhen lassen.
Ausrollen und eine Springform damit auslegen,
dabei einen Rand von mind. 2 cm legen.
Belag darauf verteilen und mit Kräutern
bestreuen.
Den Guss aus den angegebenen Zutaten rühren
und zum Schluss den Käse drüberstreuen.
Bei 200 ° 40 Min. backen.

**Herzhaft! Hier kann man wunderbar
Bratenreste jeder Art verarbeiten!**

Delikates und Snacks

Michaelas Zucchinicrostini

1 kleine Zucchini, 1 kleine Aubergine, 1 kleine Zwiebel, 1 Knoblauchzehe, 3 getrocknete, in Öl eingelegte Tomaten, 4 Essl. Olivenöl,
1 Tl. gehackte Rosmarinblätter, 1 Tl. gehackte Thymianblätter, Pfeffer, Salz, einige schwarze, kernlose Oliven.
12 dünne Scheiben Baguette oder Chiabatta .

Zucchini, Aubergine und Tomaten fein würfeln.
Zwiebel und Knoblauch fein hacken.
Das Öl erhitzen und die Zwiebelwürfel goldgelb braten. Knoblauch, Zucchini und Auberginenwürfel unter Rühren mit anbraten.
Die Tomaten, Gewürze und Kräuter zugeben und unter gelegentlichem Rühren so lange leicht köcheln lassen, bis die Flüssigkeit annähernd verdunstet ist.
Das Brot im Ofen bei 180 ° rösten.
Die feingewürfelten Oliven unter die Gemüsemischung heben.
Soweit fertiggestellte Masse auf die noch warmen Brotscheiben setzen und warm servieren !

Überbackene Ufos

Ufos in benötigter Menge (pro Snack: 1 mittelgroßes Ufo pro Person, als Hauptgericht etwas mehr), Butter für die Pfanne, Lachs, Krabben, Kochschinken, Thunfisch, Zwiebeln, Gewürze, geriebener Emmentaler, Kräutersalz

Die Ufos von Stiel befreien und die beiden „Enden“ so anschneiden, dass die Frucht oben wie unten liegen kann, ohne umzukippen. In der Mitte durchschneiden. Mit der Butter in der geschlossenen Pfanne die Hälften von beiden Seiten anbraten, so dass die Hälften noch „Biss“ behalten.
Nach Geschmack mit den angegebenen Zutaten belegen und auf ein mit Backpapier ausgelegtes Backblech legen. Mit Käse bestreuen.
Ca. 10 Min. bei 180 ° überbacken.

Dazu passt warmes Baguettebrot und ein Glas Wein. Kann gut auf ein Buffet!

Frittierte Zucchinischale mit Kräuterquark

Zucchini nach Bedarf, ca. 1 ltr. Öl oder Frittierfett.
Quark: 250 gr. Sahnequark, Salz, Pfeffer, gehackte Kräuter, 1 ausgepresste Knoblauchzehe.

Kräuterquark aus den angegebenen Zutaten bereiten und zur Seite stellen.
Mit einem kleinen Messer die gewaschenen und abgetrockneten Zucchini „schälen“ wie Kartoffeln.
Zucchinischalen im heißen Fett ausbacken und auf einem Küchenkrepp abtropfen lassen.
Noch heiß zusammen mit dem Kräuterquark servieren.

Tipp: Beim Frittieren darauf achten, dass die Schalen nicht zu braun werden.
Eine tolle Vorspeise, ein super Snack, aber auch im Sommer ein wunderbar leichtes Hauptgericht. Sehr schmackhaft.

Zucchinisnacks mit Käse

Zucchini (Pro Person ca. 8 Scheiben rechnen)
An Käse: Emmentaler, Parmesan, Schafskäse, Blauschimmelkäse und Mozzarella.

Zucchini in 1,5 cm dicke Scheiben schneiden, mit ein wenig Salz vermischen und Wasser ziehen lassen (ca. 1 Std. oder mehr).
Trockentupfen.
Auf ein mit Backpapier ausgelegtes Backblech legen. Nun nach Herzenslust mit den Käsesorten belegen. Bei Mozzarella empfiehlt sich die Zugabe von Kräutersalz.
In dem vorgeheizten Backofen bei 180 ° 10 bis 15 Min. kurz überbacken.

Tipp: Hervorragend für eine kleine Runde! Servieren Sie dazu Wein und warmes Brot!

Zucchinischnitten

3 Tassen gehobelte Zucchini, 2 Tassen gehobelte Karotten, 2 Zwiebeln geh., 50 gr. Parmesankäse, 4 Eier, 125 ml Öl, 140 gr. Mehl, je $\frac{1}{4}$ Tl. Salz, Pfeffer, Petersilie und Basilikum. Butter oder Margarine zum ausfetten.

Alle Zutaten gründlich vermengen und in eine gefettete, flache Form geben.
Bei 175° 20 Min. backen.

Tipp: So pfiffig wie auch einfach in der Zubereitung! Dazu schmeckt ein kühles Bier oder ein Glas Wein .

Zucchini „knackig“

4 Tl. SB-Öl, 500 gr. Zucchini in Scheiben,
2 Knoblauchzehen zerdrückt, 150 gr. frische
Champignons geschnitten, 1 Tl. Geh. Basilikum,
400 gr. geh. Dosentomaten, 50 gr. Weizenkörner
eingeweicht und dann geröstet,
50 gr. ungesalzene Cashewkerne,
150 ml Schmand, Salz und Pfeffer.

Zucchini und Knoblauch im heißen Öl 5 Minuten bei zu großer Hitze anbraten. Pilze zugeben und 5 Minuten dünsten. Basilikum, Tomaten, Weizen und Cashewkerne einrühren und 8-10 Minuten weiterdünsten. Schmand zugeben und mit Salz und Pfeffer abschmecken.

Ein vollwertiges und delikates Essen!

Burgerparty

Hamburgeraufbackbrötchen oder andere Brötchen.
450 gr. Hack, 2 kleine gehackte Zwiebeln, 1 Ei, 1 Tl. Senf, Salz, Pfeffer, 4 Essl. Semmelbrösel.
Fett zum Ausbacken.
500 gr. große Zucchinischeiben (z. B. von Rondini, kleinere gehen auch),
Eisbergsalat oder anderer Blattsalat, Tomatenscheiben, Röstzwiebeln, Remoulade, Curryketchup, Kräuterquark.

Aus Hack, Zwiebeln, Ei, Senf, Salz, Pfeffer und Bröseln einen Teig bereiten und sehr flache Frikadellen formen. In einer Pfanne braten und warm halten.
Zucchinischeiben ebenfalls in etwas Öl kurz dünsten und warm halten.
Burgerbrötchen abbacken.
Jetzt Burger bereiten: Unten Salatblatt, dann Zucchinischeiben, Hacksteak, Tomate, Kräuterquark, Röstzwiebeln, Ketchup und Remoulade.

Tipp: Stellen Sie alle Zutaten auf den Tisch und lassen Sie Ihre Burger selber zusammenstellen. Das macht Spaß!

Saucen-Variationen

Zucchinibällchen in Tomatensauce

4 Zucchini, je 200 ml. Hühnerbrühe und Tomatensaft, 2 Essl. Maisstärke, Salz, Pfeffer, 2 geh. Knoblauchzehen, 1 Essl. gehacktes Basilikum.

Zucchini längs halbieren und mit einem Kugelausstecher kleine Kugeln aus den Zucchini auslösen. Brühe und Tomatensaft aufkochen und mit Salz, Pfeffer und Knoblauch abschmecken. Soße abbinden und die Kugeln zufügen. Bei kleiner Hitze garziehen. Mit Basilikum würzen.

Einfach und sehr geschmackvoll! Kann zu Pasta und zu Fleisch gegessen werden.

Käsesause

300 gr. gewürfelte Zucchini, 1 Becher Sahne, 125 gr. Blauschimmelkäse, Salz, Pfeffer, ein Spritzer Zitrone

Zucchini 3/4 mit Wasser bedeckt zum Kochen bringen. Fein passieren. Den in Stücke gebrochenen Käse dazugeben und mit dem Becher Sahne auffüllen. Unter Rühren garen, bis der Käse aufgelöst ist. Mit Salz, Pfeffer und Zitrone abschmecken.

Die Sauce passt gut zu allen Nudelarten und auch zu Fleisch.
Sollte sie zu dünn geraten, dann etwas abbinden.

Tomatensauce

200 gr. gewürfelte Zucchini, 1 Packung passierte Tomaten, 1 Essl. Tomatenmark, 1 Tl. Zucker, Salz, Pfeffer, 1 Spritzer Zitrone, 1 Essl. Kräuter nach Geschmack, 1 ausgepresste Knoblauchzehe.

Zucchini in den Tomaten weich garen und ausgiebig passieren. Tomatenmark und Gewürze hinzufügen. Mit dem Knoblauch, Zitrone und Kräutern abschmecken.

Die Sauce kann auch als „Grund“ für eine Hacksauce verwendet werden.

Senfsauce

1/4 ltr. Gemüsebrühe, 300 gr. klein gewürfelte Zucchini, 1 klein gew. Zwiebel, 1 Essl. Butter, 100 ml süße Sahne, 2-3 Tl. Senf (nach Geschmack), Pfeffer und Salz.

Zucchini in der Gemüsebrühe garen und mit einem Passierstab pürieren.
In einem separaten Topf Zwiebel in der Butter glasig dünsten. Gemüsebrei hinzufügen. Sahne und Senf hinzufügen. Mit Salz und Pfeffer abschmecken.

Tipp: Sollte die Sauce zu dünn geraten, etwas abbinden. Eignet sich zu gebratenem Fleisch oder als Basis für „Eier mit Senfsauce“.

Erdnuss-Sauce

Hühnerbrühe $\frac{1}{4}$ ltr., 250 gr. gew. Zucchini,
2 gew. Schalotten, 1 Essl. Butter,
$\frac{1}{2}$ Tl. Tomatenmark, 3 Essl. Erdnussbutter,
2 Essl. geröstete Erdnüsse gehackt. Evtl. Salz.
100 ml süße Sahne und Soyasauce, 1 Prise Zucker.

Zucchini in Brühe garen und möglichst klein zerstampfen. In einem separaten Topf Schalotten in Butter glasig dünsten. Zucchinimasse zufügen. Tomatenmark und Erdnussbutter zufügen, bis sich die Erdnussbutter aufgelöst hat. Regelmäßig umrühren. Sahne zugeben und evtl. mit Salz nachschmecken. Etwas einkochen lassen. Mit Sojasauce und Zucker abschmecken. Zum Schluss mit den gehackten Kernen bestreuen.

Passt toll zu kurzgebratenem Fisch und Geflügel!

Currysauce

250 ml Hühnerbrühe, 200 gr. Zucchini gew., 100 gr. Zucchini geraspelt, 1 große Zwiebel gew., 1 Essl. Butter, 1 Tl. Kurkuma, 1 flacher Tl. Curry, 1 Frühlingszwiebel, 200 ml Sahne.

Zucchini in der Hühnerbrühe weichkochen. Ausgiebig mit einem Passierstab zerkleinern. Zwiebeln mit dem Kurkuma und dem Curry mischen und in der Butter glasig dünsten. Brühegemisch dazugeben. Frühlingszwiebel in kleine Ringe schneiden, zusammen mit der Sahne zu dem Gemisch geben und etwas einköcheln lassen. Jetzt die geraspelten Zucchini zugeben.

Passt gut zu Hähnchenbrustfilet mit Reis o.ä. Wenn man mag, kann man auch mehr Frühlingszwiebeln dazugeben.

Michaelas Zucchinicreme

1 kg kleine Zucchini, 4 Knoblauchzehen, Saft von 2 Zitronen, 4 Essl. Olivenöl, ½ Tl. Salz, Pfeffer, 1 Bund Petersilie, 1 Bund Basilikum

Enden der Zucchini abschneiden und Zucchini in wenig Wasser etwa 10 min weich dünsten. Abtropfen lassen. Fruchtfleisch pürieren, in ein Küchentuch geben und auspressen. Knoblauch zerdrücken, mit Zucchinimus, Zitronensaft, Öl, Salz und Pfeffer mischen. Die Kräuter fein hacken und unter die Creme geben.

Passt prima zu gegrilltem Fleisch!
Besonders kalt ein Genuss!

Variante: Superlecker ist es, wenn statt Olivenöl Kürbiskernöl verwendet wird!

Kuchen und mehr

Zucchiniwaffeln

500 gr. Mehl, 200 gr. Margarine, 200 gr. Zucker,
3 Eier, 1 Vanillezucker, 1 Backpulver,
Saft von 1 Zitrone, 450 ml fein passiertes
Zucchinipüree von hellen Früchten (erkaltet).

Alle Zutaten in eine Rührschüssel geben und mit der Küchenmaschine oder dem Handmixer ausgiebig rühren. Der Teig muss glänzen. Waffeln ausbacken und mit Puderzucker bestreut anreichen.

Zucchiniplätzchen

200 gr. Mehl, 200 gr. Speisestärke, 100 gr. Butter,
100 gr. Zucker, 1 Vanillezucker,
½ Packung Backpulver, 6 Eigelb, 400 gr. Zucchini,
2 cl. Sambucca, ½ Tl. Anispulver.
Etwas Zucker zum Wenden.

Zuerst ein Zucchinimus herstellen: Zucchini grob würfeln und in Wasser weich kochen.
Wasser abgießen und so gut es irgend geht ausdrücken. Anschließend erkalten lassen und mit einem Passierstab musen.
150 gr. Mus werden für den Teig benötigt.
Alle Zutaten zu einem glatten Teig verarbeiten.
Sollte er kleben, etwas Mehl zusetzen.
½ Stunde ruhen lassen.
Rollen formen und kleine Stücke abschneiden, daraus Kugeln formen und mit einer Gabel flachdrücken. Mit der oberen Seite in Zucker dippen und auf ein mit Backpapier belegtes Backblech legen. Bei 170 ° ca. 25 Minuten backen, bis das Gebäck goldbraun ist.

Asiatischer Gewürzkuchen

1 Litermaß als Messgefäß verwenden (im folgenden: Lm)
$\frac{1}{2}$ Lm Zucchini püriert (nicht zu wässrig!),
$\frac{1}{2}$ Lm Brauner Zucker, $\frac{1}{4}$ Lm Mehl, $\frac{1}{8}$ Lm Öl,
$\frac{1}{4}$ Lm gemahlene Nüsse, 1 Packung Vanillezucker,
1 TL. Zimt, 1 Tl. Backpulver, 1 Tl. Natron, 3 Eigelb,
3 geschlagene Eiweiß. Puderzucker.

Alle Zutaten nach und nach gründlich vermengen. Zum Schluss vorsichtig das Eiweiß unterheben. Auf einem mit Backpapier ausgelegten Backblech verteilen.
Bei 180 ° ca. 60 Minuten backen.
Nach dem Erkalten mit Puderzucker bestäuben.

Der Kuchen ist sehr saftig und hält abgedeckt lange frisch.

Zucchinitorte

3 Eier, 310 gr. Zucker, 340 gr. glattgerührter Frischkäse, 1 Tl. Vanillezucker, 380 gr. Mehl, 1 Essl. Backpulver, je 1 Tl. Salz und Muskat, 40 gr. Wallnüsse gehackt, 250 gr. Pflanzenöl, 360 gr. geriebene Zucchini

Creme: 1 Ei, 60 ml Zitronensaft, 1 Essl. Zitronenschale gerieben, 2 Essl. Mehl, 210 gr. Zucker, 1 Tl. geschmolzene Butter.

Eier, Zucker, Käse und Vanille verrühren. Das Öl und die übrigen Zutaten in mehreren Schritten zugeben. Die Zucchini vorsichtig unterziehen. Bei 175 ° in einer ausgefetteten Springform backen und abkühlen lassen.

Für die Zitronencreme Ei, Zitronensaft und Zitronenschale verrühren. Mehl, Zucker und geschmolzene Butter zugeben. Unter ständigem Rühren aufkochen. Vom Herd nehmen und unter gelegentlichem Rühren abkühlen lassen. Die Torte damit überziehen.

Tipp: Verzieren kann man die Torte mit gehobelten Zucchinischeiben oder Geleezitronen.

Nusstraum

250 gr. Margarine, 350 gr. Mehl, 250 gr. Zucker,
1 Backpulver, 1 Vanillezucker, 4 Eier,
125 gr. fein geraspelte Zucchini, 150 gr. gemahlene
Haselnüsse, 50 gr. geraspelte Schokolade,
Margarine zum Ausfetten, 2 Essl. Semmelbrösel.

Aus Margarine, Mehl, Zucker, Backpulver, Vanillezucker und Eiern einen Rührteig bereiten. Er muss glänzen und der Zucker muss sich vollständig aufgelöst haben.
Zucchini so gut wie möglich ausdrücken und mit den Nüssen und Schokolade zum Teig geben.
Napfkuchenform oder Springform ausfetten und mit Bröseln ausstreuen. Teig einfüllen und mit einem Butterbrotpapier bedeckt in den Backofen geben.
Bei 180° Ober- und Unterhitze 50 Minuten backen. Mit einem Schaschlikspieß anstechen. Wenn der Spieß trocken herauskommt, ist der Kuchen fertig. Ansonsten noch einige Minuten nachbacken.
Mit Puderzucker bestäubt reichen.

Orangenmuffins

Je 150 gr. Margarine, Zucker, 200 gr. Mehl, $\frac{1}{2}$ Backpulver, 1 Vanillezucker, Schale von einer unbehandelten Orange, 3 Eigelb, 75 gr. fein geriebene helle Zucchini.
Papierförmchen. 3 Essl. Orangenmarmelade, 2 Essl. Orangensaft.

Aus Margarine, Zucker, Mehl, Backpulver, Vanillezucker und Eigelb einen glänzenden Rührteig zubereiten. Orangenschale und ausgedrückte Zucchini zugeben und gründlich vermengen. Muffinsblech mit Papierförmchen auslegen und den Teig löffelweise einfüllen.
Bei 180 ° ca. 25 Min. backen.
In einem kleinen Topf Orangenmarmelade mit dem Saft auflösen und die lauwarmen fertig gebackenen Muffins damit bepinseln.

Variante: Statt Orange kann man auch Zitrone nehmen. Beim Guss dann statt der Marmelade Puderzucker im Zitronensaft auflösen und die Muffins damit bestreichen.

Zucchini
(Cucurbita pepo)

Blütenträume

Blüten werden immer frisch verwendet.
Der Stempel wird entfernt und für die Reinigung wird die Blüte kurz am unteren Ende angefasst und in etwas Wasser getaucht. Anschließend lässt man sie kurz auf einem Küchenkrepp abtropfen.

Die Mengenangaben können beliebig verändert werden, je nachdem, ob man das Rezept als Vor- oder Hauptspeise servieren möchte.

Ein einfacher Trick, um eine Blüte mit einer Füllung zu versehen: Die Füllung in einen Gefrierbeutel geben und an einer Ecke ein Loch hineinschneiden. So lässt sich der Inhalt gut in die Blüten einspritzen und der Beutel ist hinterher ohne viel Aufwand zu entsorgen.

Es können männliche Blüten, aber auch weibliche Blüten verwendet werden.

Versuchen Sie die Blütenvariationen. Sie sind ausgesprochen lecker!

Vorspeisen

Gelber Blütentraum

16 Zucchiniblüten, 300 gr. helle Zucchini gew., 600 ml. Hühnerbrühe (Instant), 3 Zwiebeln gew., 2 Frühlingszwiebeln in kleinen Ringen, 1 Becher Sahne, 3 Essl. Mehl, 2 Essl. Butter, 1 Essl. Curcuma, 1 Tl. Curry, Pfeffer, Salz.

Zucchiniblüten nach Angabe vorbereiten. Gewürfelte Zucchini mit Brühe aufsetzen und weich kochen. Mit einem Passierstab fein pürieren. Gewürfelte Zwiebeln und Frühlingszwiebeln mit Curcuma und Curry mischen und ziehen lassen. Blüten in einem separaten Topf in der Butter anschwenken. Wieder aus dem Topf nehmen. 10 Blüten in sehr feine Ringe schneiden und 6 Blüten in 4tel Streifen schneiden. In dem Topf das Zwiebelgemisch anschwenken und Mehl hinzufügen. Mit der Brühe ablöschen. Unter Rühren köcheln lassen. Die Blütenringe hinzufügen und mit der Sahne aufgießen. Mit Gewürzen abschmecken. Vor dem Servieren mit den Blütenstreifen belegen.

Knoblauchblüten

Pro Person ca. 6 Blüten rechnen. Lt. Angabe vorbereiten.
Olivenöl zum Ausbraten und ausgepresster Knoblauch, etwas Schnittlauch zum Garnieren.

Auf die Blüten Knoblauch pinseln.
Mit Olivenöl in einer Pfanne mit wenig Hitze von allen Seiten ausbraten. Ein wenig Salz darüber geben, mit dem Schnittlauch bestreuen und schnell servieren!
Mit einem kleinen Stück warmem Chiabattabrot anrichten.

Blüten mit Frischkäsefüllung

3 Blüten pro Person gem. Angabe vorbereiten.
200 gr. Frischkäse, 1 Knoblauchzehe, Salz, Pfeffer, 50 ml Sahne, 1 Essl. frische Kräuter nach Geschmack. Diese Mengenangaben sind für ca. 4 Personen.

Aus den angegebenen Zutaten eine homogene Creme vorbereiten, evtl. etwas mehr Sahne, wenn sie zu fest ist. Die Blüten damit wie erwähnt füllen und leicht verzwirbeln.
Auf einem kleinen Teller ein halbes Buttertoast dazu anrichten.

Lässt sich gut vorbereiten und ist einmal etwas anderes!

Griechische Blüten

3 Blüten pro Person gem. Angabe vorbereiten. 200 gr. möglichst cremigen Schafkäse, Pfeffer, 2 ausgepresste Knoblauchzehen, 100 ml Sahne, 100 gr. kernlose und sehr klein gehackte schwarze Oliven, 1 Essl. möglichst frische Korianderblätter gehackt.

Aus den angegebenen Zutaten eine homogene Masse herstellen und die Blüten entsprechend den Angaben und Tipps füllen.

Tipp: Anrichten kann man die Blüten ganz lecker und relativ einfach auf einem kleinen Teller.
Auf einem Salatblatt drapiert man eine Olive, ein kleines Stück warmes Baguettebrot und die 3 gefüllten Blüten.

Hauptspeisen

Annettes Knoblauchblüten Toskana

15 - 20 Blüten lt. Angabe vorbereiten und halbieren, 3 Essl. Olivenöl, 3 ausgepresste Knoblauchzehen, etwas Pfeffer und Salz, etwas Parmesan, 300 ml Sahne.
Tagliatelle-Nudeln

Nudeln nach Angabe zubereiten.
Blüten im Olivenöl vorsichtig anschwenken. Nicht zu braun werden lassen, es geht sehr schnell. Knoblauch hinzufügen und wieder durchschwenken. Mit der Sahne aufgießen und mit Pfeffer und Salz abschmecken.
Etwas einköcheln lassen. Nach Bedarf etwas abbinden . Parmesan nach Geschmack einrühren.

Man kann dieses Rezept auch sehr gut als Beilage zu Fleischgerichten nehmen. Eine Spezialität aus der Toskana!

Gefüllte Zucchiniblüten mit Hack

6-8 Blüten pro Person entsprechend vorbereiten, evtl. mit Mini-Fruchtansatz.
Für 4 Personen ca. 400 gr. Hack, Semmelbrösel, 1 Knoblauch ausgepresst, $\frac{1}{2}$ Tl. Senf, 1 Ei, Salz und Pfeffer, sowie Paprika.
Etwas Olivenöl.

Für die Füllung alle Zutaten miteinander vermengen, so dass eine homogene Masse entsteht. Einen Beutel entsprechend der Anleitung befüllen, Masse einspritzen, und das spitze Ende leicht verzwirbeln. In eine Auflaufform geben und das Olivenöl darüber träufeln. Form mit Alufolie abdecken. Bei 170° 15 Min. backen. Alufolie entfernen und die Früchte wenden. Nochmals 15 Min. offen backen.

Hierzu passt ein frischer Salat oder auch Kartoffelpüree!

Nachspeisen

Frittierte Blüten mit frischen Himbeeren

Ca. 4 Blüten pro Person entsprechend vorbereiten
(Stielansatz möglichst lang lassen !)
Fett zum Frittieren in einem Topf erhitzen

Teig: 200 gr. Mehl, 1 Ei, 150 ml Bier vermengen
und etwas ruhen lassen .

Süße Schmandcreme vorbereiten:
200 gr. Schmand/oder Creme-Fraiche,
75 gr. Zucker,
1 Vanillezucker, 100 ml Sahne.
Zutaten glattrühren.

Frische Himbeeren und einige Blätter
Zitronenmelisse bereitstellen.

Teller vorbereiten, denn wenn die Blüten fertig
sind, muss es schnell gehen!

Einen kleinen Kreis Schmandcreme auf die Teller geben. Daneben die frischen Himbeeren legen und die Zitronenmelisse drapieren .

Die Blüten am Stielende in den Teig tauchen und anschließend in das nicht zu heiße Fett (sonst spritzt es zu sehr) tauchen. Nur kurz auf ein Küchenkrepp legen und anschließend auf die Teller geben und schnell servieren.

Tipp: Ein raffinierter Nachtisch, der entsprechend der Jahreszeit auch mit anderen Früchten garniert werden kann.
Lassen Sie sich nicht abschrecken. Es kann alles gut vorbereitet werden !

Staubblüten

6 Essl. Mehl, 150 ml Bier, 6-8 Zucchiniblüten pro Person nach Angabe vorbereiten,
Fett zum Ausbacken, Staubzucker/Puderzucker.

Mehl mit dem Bier verrühren und den Teig ruhen lassen.
Fett erhitzen. Blüten nur kurz in das Fett geben und ausbacken. Auf einem Küchenkrepp abtropfen lassen und noch warm mit Puderzucker bestreut servieren.

Tipp: So kann man die Blüten als Nachspeise oder auch in einer Kaffeerunde genießen. Beim Frittieren darauf achten, dass die Blüten nicht aneinander kleben. Man kann die Blüten auch für eine kurze Zeit im Backofen warm halten.

Eingelegtes, Chutney, Fruchtaufstriche und mehr

Eingelegte Zucchini

6 kg Zucchini (in Scheiben), 1 kg Zwiebeln (in Scheiben), 2 rote Paprika + 2 grüne Paprika (in kleine Würfel),

Sud: 4 Tassen Zucker, 4 Essl. Salz, 3 Tassen Essig, 1 Ltr. Wasser, 2 Teel. Senfkörner, 2 Teel. Selleriesalz.

Das vorbereitete Gemüse in dem Sud eine Nacht an einem kühlen Ort ziehen lassen.
In entsprechend vorbereitete Gläser füllen, schließen und 20 Min. bei 90 ° einkochen.

Tipp: Die Scheiben lassen sich gut mit der Brotschneidemaschine schneiden, so geht es sehr schnell !

Zucchini süß/sauer

4,5 kg Zucchini gewürfelt , 6 Zwiebeln und
6 Paprika gewürfelt.
Sud: 100 gr. Salz, 1 ltr. Essig, $^{1}/_{2}$ ltr. Wasser,
1 kg Zucker, 4 Tl. Senfkörner.

Alles Gemüse in ein Gefäß geben und den Sud darüber geben. An einem kühlen Ort 1 Tag ziehen lassen.
5 Min. aufkochen und noch heiß in vorbereitete Schraubgläser füllen und sofort verschließen.

Besonders schön ist es, wenn man Zucchini in unterschiedlichen Farben verwendet!

Zucchini-Orangen-Chutney

2-3 Orangen
750 gr. Zucchini (geputzt gewogen)
etwas frischer Ingwer (gerieben),
250 gr. brauner Zucker, 8 Essl. Weißweinessig.
Je eine Messerspitze Zimt, Nelken, Piment,
Cayennepfeffer.

Orangen filetieren und würfeln. Zucchini in kleine Würfel schneiden.
Ingwer, Zucker, Essig und Gewürze hinzufügen und die Zutaten in einem Topf ca. 30 Min. köcheln lassen. Sollte die Masse zu dünnflüssig sein, Gelfix von Dr. Oetker hinzufügen.
Heiß in vorbereitete Schraubgläser füllen und sofort verschließen.

Zucchini-Kürbis-Relish

500 gr. Zucchini, 500 gr. Kürbis, 1 Essl. frisch geriebener Ingwer, 1/4 ltr. Obstessig, 1 kg Gelierzucker 1:1 (evtl. zusätzlich etwas Pektin).

Zucchini und Kürbis entweder sehr fein würfeln oder grob raspeln. Mit Ingwer, Essig und Gelierzucker (+Pektin) vermengen. In einem Topf 4 Min. kochen und heiß in vorbereitete Schraubgläser füllen und sofort verschließen.

Schmeckt gut zu warmem oder kaltem Braten/Fleisch, Geflügel und Fondue!

Eingelegte Selleriezucchini

2,5 kg kleine (schön, wenn mehrfarbig)
Zucchini, 6 Sellerieblätter gehackt, 6 Zwiebeln in
Ringe geschnitten, 1 Tl. Senfkörner,
1 Tl. Senfmehl, 1 Tl. Curcuma, 4 Tl. Salz,
400 gr. Zucker,
¾ ltr. Essig, ½ ltr. Wasser. Einmachhilfe.

Zucchini in nicht zu dünne Scheiben schneiden und zusammen mit dem anderen vorbereiteten Gemüse in eine Schüssel geben. Gewürze, Essig und Wasser dazugeben und alles im Kühlschrank ½ Tag durchziehen lassen. Einmachhilfe hinzufügen und alles in einem Topf 5 Minuten aufkochen. Sofort in vorbereitete Schraubgläser füllen und sofort verschließen.

Achtung: Curcuma färbt! Keine weißen Schüsseln aus Plastik benutzen!
Sehr würzig und lecker!

Zucchinisauce für den Vorrat

1 kg Zucchini, 1 kg Paprika, 500 gr. Zwiebeln, $\frac{1}{4}$ ltr. Öl, 3 mittelgroße Flaschen Ketchup (nur nicht zu „tomatig"), $\frac{1}{4}$ ltr. Öl, Salz Pfeffer, Worchestersauce.

Zucchini und Zwiebeln in kleine Würfel, Paprika in kleine Streifen schneiden.
Alles vermischen und in einen Topf geben. Öl, Ketchup und die Gewürze zufügen. Zum Kochen bringen und 9 Minuten unter ständigem Rühren köcheln lassen.
In vorbereitete Schraubgläser geben und sofort verschließen.

Passt gut zu Kurzgebratenem!

Calvadosfruchtaufstrich

4 aromatische Äpfel (am besten Boskop), 700 gr. Zucchini, 1 kg Gelierzucker 1:1, Zitronensäure, 6 cl. Calvados.

Äpfel schälen, grob in Stücke schneiden, entkernen und mit wenig Wasser in einem Topf zu einem grob zerdrückten Kompott kochen. Zucchini in grobe Stücke schneiden, mit wenig Wasser weich kochen. In einem Sieb gründlich abtropfen lassen und anschließend grob zerstampfen.
Jeweils 500 gr. von der Apfelmasse und 500 gr. von der Zucchinimasse nehmen und in einen Topf geben. Wenn die Masse erkaltet ist, den Gelierzucker und die Zitronensäure unterrühren und evtl. je nach Packungsanleitung noch etwas stehen lassen. Den Calvados hinzufügen und alles zum Kochen bringen.
In vorbereitete Twist-Off-Gläser füllen und sofort verschließen.

Variante: Den Calvados weglassen, sofern es gewünscht wird.

Rhabarbertraum

700 gr. Zucchini, 800 gr. Rhabarber,
1 kg Gelierzucker 1:1, Zitronensäure.

Rhabarber in Stücke schneiden und mit wenig Wasser nicht ganz weich kochen. Aus der Flüssigkeit nehmen und das Fruchtfleisch in einem Sieb abtropfen lassen.
In der Flüssigkeit die Zucchinistücke weich kochen. Die Stücke ebenfalls in einem Sieb abtropfen lassen.
Beide Fruchtanteile grob zerdrücken und jeweils 500 gr. in einem Topf erkalten lassen.
Gelierzucker und Zitronensäure hinzufügen und nach Anweisung kochen.
In vorbereitete Twist-Off-Gläser füllen und sofort verschließen.

Wichtig: Gründlich abtropfen! Sonst sammelt sich zuviel Wasser.
Ständig rühren beim Aufkochen, sonst setzt die Fruchtmasse an!
Lecker und gesund, denn ein großer Anteil der übermäßigen Säure vom Rhabarber wird von der Zucchini absorbiert!

Selleriesalat

10 Tassen Zucchini klein geschnitten, 4 Tassen Zwiebeln gew., 5 Tl. Salz , 2 1/2 Tassen Weinessig, 3 Tassen Zucker, 1 Tl. Senfpulver, 1 Tl. schw. Pfeffer, 1 1/2 Tl. Selleriesalz
3 Paprikaschoten gew.

Das vorbereitete Gemüse in einen Topf geben. Aus den restlichen Zutaten den Sud herstellen und alles zusammen ziehen lassen.
5 Minuten kochen lassen und in vorbereitete Schraubgläser füllen. Sofort verschließen !

Rezeptregister